초등 문해력 시작부터 완성까지!

어휘편

초등 문해력 어휘 활용의 힘

어휘를 단순히 암기만 하면 잊어버리기 쉽습니다. 「초등 문해력 어휘 활용의 힘」으로 어휘의 다양한 쓰임을 익히며, 활용을 통해 의미를 저절로 깨칠 수 있습니다. 함께 제공되는 특별 부록 「나만의 어휘 활용 노트」로 문해력의 기초인 어휘 활용의 힘을 강화해 나갑니다.

기본편

초등 문해력 한 문장 정리의 힘 기본편

학습량이 많아져 학력 격차가 발생하는 3학년부터는 배운 내용을 효율적으로 정리하고 간추리는 능력이 필요합니다. 「초등 문해력 한 문장 정리의 힘」으로 초등 교과와 연계된 글을 읽고, 상위 1% 노트 포맷에 핵심 내용을 찾아 정리하는 기초 훈련을 하며, 효율적인 학습 방법과 문해력을 기를 수 있습니다.

실전편

초등 문해력 한 문장 정리의 힘 실전편

다양하고 깊이 있는 소재의 비문학 지문은 배경지식을 넓혀 줍니다. 「초등 문해력 한 문장 정리의 힘 실전편」으로 '노트 정리'와 '한 문장 요약'을 집중적으로 훈련하며, 초등 문해력을 완성할 수 있습니다. <기본편>으로 기초를 탄탄하게 기르고, <실전편>으로 초등 문해력을 완성하세요.

이 책을 쓰신 분들

박지혜 다솔초등학교
하근희 대구포산초등학교
원정화 세종시다정초등학교
윤혜원 서울대명초등학교
이승모 서울교육대학교부설초등학교

초등 문해력
한 문장 정리의 힘
실전편 1권

초판 7쇄 2024년 11월 6일
초판 1쇄 2021년 12월 17일
펴낸곳 메가스터디(주)
펴낸이 손은진
개발 책임 김문주
개발 양수진, 최성아, 최란경
디자인 이정숙
마케팅 엄재욱, 김상민
제작 이성재, 장병미
사진 제공 픽스타, 위키백과
주소 서울시 서초구 효령로 304(서초동) 국제전자센터 24층
대표전화 1661.5431
홈페이지 http://www.megastudybooks.com
출판사 신고 번호 제 2015-000159호
출간제안/원고투고 메가스터디북스 홈페이지 <투고 문의>에 등록

· 발간 이후 발견되는 오류 사항은 '홈페이지 〉 자료실 〉 정오표'를 통해 알려 드립니다.

일러두기
· 맞춤법과 띄어쓰기는 국립국어원에서 펴낸 《표준국어대사전》을 기준으로 삼되, 초등학교 교과서의 표기를 참고했습니다.
· 외국의 인명과 지명은 국립국어원에서 펴낸 《외래어 표기법》을 따랐습니다.
· 본 저작물은 공공누리 제1유형에 따라 공공 저작물을 이용하였습니다.

메가스터디BOOKS
'메가스터디북스'는 메가스터디㈜의 교육, 학습 전문 출판 브랜드입니다.
초중고 참고서는 물론, 어린이/청소년 교양서, 성인 학습서까지 다양한 도서를 출간하고 있습니다.

·**제품명** 초등 문해력 한 문장 정리의 힘 실전편 1권
·**제조자명** 메가스터디㈜ ·**제조년월** 판권에 별도 표기 ·**제조국명** 대한민국 ·**사용연령** 3세 이상
·**주소 및 전화번호** 서울시 서초구 효령로 304(서초동) 국제전자센터 24층 / 1661-5431

실전편 1권

초등 **2~3**학년

문해력,
지금 우리 아이에게 필요한 이유!

문해력은 독해력, 어휘력, 쓰기 능력을 아우르는 상위 개념입니다.
읽기, 말하기, 듣기, 쓰기 등 모든 언어 능력을 동원하여 글의 맥락을 이해하고 응용하는 힘입니다.
문해력이 강한 아이는 서술형 및 수행 평가에도 강합니다.
문해력이 초등 학습 능력을 좌우합니다.
지금 아이에게 필요한 것은 바로 문해력입니다.

교육 과정 강조 역량

글과 말의 맥락을
이해하고 표현하는
문해력과 표현력 강조

+

서술형 평가 확대

자신의 생각을
논리적으로 정리하고
설명하는 능력 요구

+

학습 능력 신장

습득한 지식을
내 것으로 만드는
한 문장 정리법 요구

평생 성적을 좌우하는
초등 문해력

초등 문해력 한 문장 정리의 힘 실전편 이 특별한 이유!

「초등 문해력 한 문장 정리의 힘 실전편」은
「초등 문해력 한 문장 정리의 힘」의 강점인
'노트 정리'와 '한 문장 요약 훈련'에 문제 풀이를 강화하였습니다.
일주일에 하나의 주제어로 다양한 영역의 비문학 지문을 통합적으로 학습하며
사고력이 확장되고, 문해력이 완성됩니다.

하나의 주제어로 다양한 지문 읽기

예술, 인문, 사회, 기술, 융합, 과학
6개 영역을 넘나드는 지문 구성

업그레이드된 노트 정리 연습

상위 1% 학생들이 활용하는
코넬 노트 형식 적용

더욱 강화된 실전 문제 풀이

문해력과 어휘력을 완성하는
6가지 유형의 문제 구성

초등 문해력 완성은 실전편으로!

구성과 특징

초등 학습 능력을 좌우하는 문해력,
시작은 기본편으로, 완성은 실전편으로!

업그레이드된 코넬 노트에 핵심 내용 정리하기

노트에 핵심 내용을 정리하고 한 문장으로 요약하는 과정을 통해 효율적인 공부 방법과 문해력을 기릅니다.

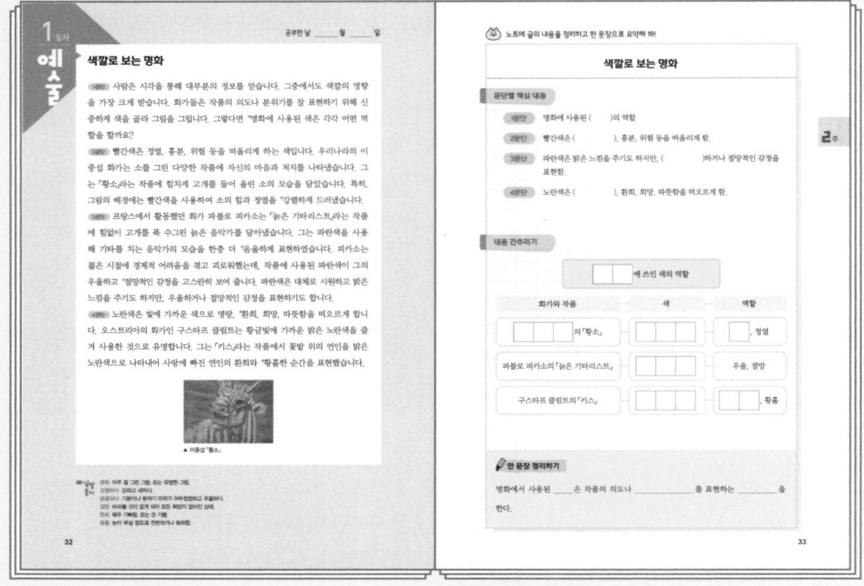

6가지 유형의 문제로 문해력과 어휘력 완성하기

노트에 정리하여 내 것으로 만든 지식을 바탕으로, 다양한 유형의 문제 풀이를 통해 문해력과 어휘력을 완성합니다.

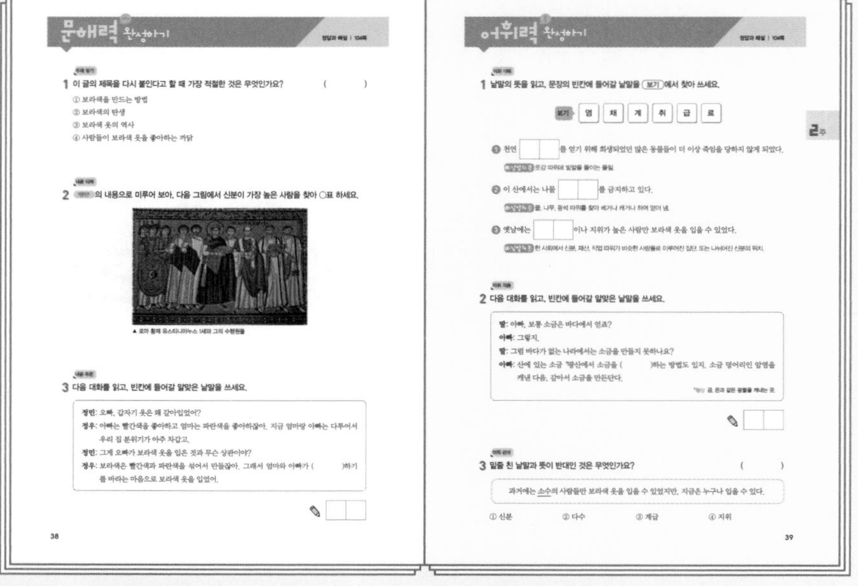

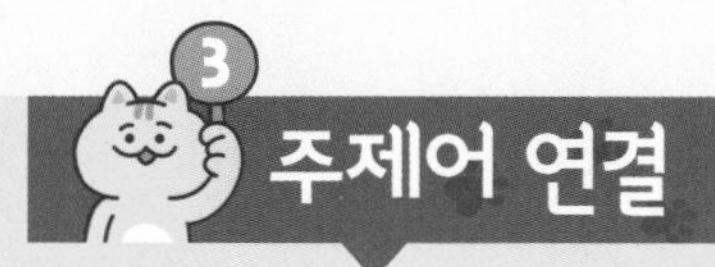

통합적 사고력을 키워 주는 '주제어' 연결 구성 방식

5개의 지문이 하나의 주제어로 연결되어 있습니다.
한 주차에 다양한 영역의 지문을 읽으며 통합적 사고력을 확장할 수 있습니다.

< 1주 학습 예시 >

예술, 인문, 사회, 기술, 융합, 과학
6개 영역의 비문학 지문을 읽으며 배경지식을 확장할 수 있습니다.

차례

1주 주제어 거짓말

2주 주제어 색깔

3주
주제어

차별

주제어

차가움과 뜨거움

노트 정리 비법

문해력은 단번에 길러지지 않습니다. 글의 핵심 내용을 노트에 정리하고 한 문장으로 요약하는 과정을 통해 기를 수 있습니다. 글의 내용을 단계별로 정리하는 반복 훈련을 통해 초등학생 때부터 노트 정리 습관을 길러 주세요.

제목

노트 정리를 할 때는 가장 먼저 글의 제목을 적습니다.

문단별 핵심 내용

문단별로 가장 중요한 핵심을 적는 곳으로, 핵심 내용을 더 오래 기억할 수 있습니다.

내용 간추리기

글의 핵심 내용을 간추리는 부분입니다. 글이 길더라도 표로 내용을 정리하면 중요한 내용을 한눈에 알아볼 수 있습니다.

한 문장 정리하기

노트에서 가장 중요한 부분입니다. 핵심 내용을 연결해 한 문장으로 정리하면 어떤 지식도 자기 것으로 만들 수 있습니다.

동물들의 감쪽같은 거짓말

문단별 핵심 내용

- 1문단 (　　　　　)의 세계에도 존재하는 거짓말
- 2문단 몸의 모양이나 (　　　　　)을 이용해 거짓말을 하는 동물
- 3문단 그럴듯하게 꾸민 거짓된 태도로 (　　　　　)을 하는 동물
- 4문단 사람처럼 (　　　　　)하는 법을 배워 거짓말을 하는 동물

내용 간추리기

동물들의 거짓말 = 동물들의 □□ 전략

카멜레온	몸의 □□을 바꿈.
광대꽃하늘소	□□의 흉내를 냄.
□□□□	죽은 시늉을 함.
□□ '코코'	고양이에게 잘못을 뒤집어씌움.

한 문장 정리하기

동물들은 □□ 전략으로 몸의 모양이나 □□, 그럴듯하게 꾸민 거짓된 □□로 거짓말을 한다.

1주
주제어

거짓말

일차	영역	공부할 내용	쪽수	공부할 날	스스로 평가
1	예술	마술 속 숨겨진 거짓말	10~13쪽	월 일	
2	인문	표정은 거짓말을 하지 않는다	14~17쪽	월 일	
3	사회	가짜 뉴스, 달콤한 함정 국어 5-2	18~21쪽	월 일	
4	융합	동물들의 감쪽같은 거짓말 과학 3-2	22~25쪽	월 일	
5	과학	거짓말도 보여요! 과학 6-2	26~29쪽	월 일	

공부한 날 ______ 월 ______ 일

마술 속 숨겨진 거짓말

1문단 마술사는 손도 안 대고 물건을 옮기거나 커다란 건물을 사라지게 하기도 합니다. 사람들은 마술을 보며 신기해하지만, 이런 일들이 실제로 일어나는 것은 아닙니다. 마술은 *불가사의한 일을 진짜로 일어나는 것처럼 보이게 하는 것, 즉 속임수이기 때문입니다. 마술은 마술사의 거짓말에서 탄생합니다.

2문단 "사람의 몸을 *분리해 보겠습니다."

마술사는 상자에 들어가 누워 있는 사람에게 상자의 뚫린 구멍으로 손가락과 발가락을 내밀어 달라고 요청합니다. 움직임을 확인한 마술사는 상자의 가운데를 반으로 잘라 분리합니다. 하지만 두 개로 나뉜 상자의 구멍에서는 여전히 손가락과 발가락이 움직입니다. 이 마술의 진실은 상자가 나뉘기 전, 미리 상자의 한쪽 부분에 다른 사람이 들어가 있다는 데 있습니다.

3문단 "사람을 순식간에 이동시켜 보겠습니다."

마술사는 곁에 서 있던 사람을 천으로 가립니다. 마술사의 손짓과 함께 천이 걷히자 서 있던 사람은 사라지고, 무대 뒤에서 같은 사람이 등장합니다. 관객들은 깜짝 놀랍니다. 이 마술의 진실은 똑같은 옷을 입은 쌍둥이에 있습니다. 마술사가 천을 올릴 때 쌍둥이 중 한 명은 비밀 공간으로 몸을 숨깁니다. 미리 무대 뒤에 숨어 있던 다른 한 명은 갑자기 나타나 관객들을 놀라게 하는 것이죠.

4문단 마술사는 관객들을 속이고자 마술을 계획하고 공들여 준비합니다. 마술의 진실을 알고 보면 허무하지만, 그 뒤에는 관객에게 *간파당하지 않기 위한 마술사의 피나는 노력이 숨어 있습니다.

낱말 풀이

불가사의 사람의 생각으로는 미루어 헤아릴 수 없이 묘하고 이상함.
분리 새로 나뉘어 떨어짐. 또는 그렇게 되게 함.
간파 속마음이나 겉으로 드러나지 않은 일의 내용을 꿰뚫어 알아차림.

노트에 글의 내용을 정리하고 한 문장으로 요약해 봐!

마술 속 숨겨진 거짓말

문단별 핵심 내용

1문단 불가사의한 일을 진짜처럼 보이게 하는 (   )

2문단 몸을 (   )하는 마술에 숨겨진 비밀

3문단 사람을 순식간에 (   )시키는 마술에 숨겨진 비밀

4문단 마술사의 피나는 (   )이 숨어 있는 마술

내용 간추리기

마술 속 숨겨진 거짓말

마술의 종류	마술의 진실
몸을 분리하는 마술	상자의 한쪽에 다른 ☐☐이 들어가 있음.
사람을 이동시키는 마술	똑같은 ☐을 입은 쌍둥이 중 한 명이 무대 뒤에 있음.

한 문장 정리하기

마술사는 불가사의한 ☐을 진짜로 보이게 하기 위해 수많은 ☐☐☐을 하지만, 그 뒤에는 마술사의 피나는 ☐☐이 숨어 있다.

주제 찾기

1 이 글의 주제로 알맞은 것은 무엇인가요? ( )

① 공중에 뜨는 마술의 비밀
② 불가사의한 일을 하는 마술
③ 마술에 속지 않기 위한 관객들의 추리
④ 다양한 마술에 숨겨진 진실

내용 이해

2 이 글의 내용을 바르게 말한 친구에게는 ○표, 틀리게 말한 친구에게는 X표 하세요.

경환 마술은 불가사의한 일을 실제로 일어나게 해. ( )

수혁 사람을 이동시키는 마술은 똑같은 옷을 입은 쌍둥이를 활용해. ( )

지은 마술사는 실제로 손도 안 대고 건물을 옮길 수 있어. ( )

준우 마술사는 마술의 진실을 관객에게 간파당하지 않기 위해 노력해. ( )

내용 적용

3 다음 글을 읽고, 빈칸에 들어갈 알맞은 낱말을 쓰세요.

"저는 마술의 진실이 무엇인지 알아내려는 관객을 마술 공연의 일부로 끌어들입니다. 마술의 비밀을 밝혀내려는 관객을 속이기 위해 화려한 연기로 공연을 준비합니다. 관객들은 허를 찔렸을 때 더 큰 환호성을 보냅니다. 그래서 저는 매일 10시간씩 마술을 연습하고 표정 연기도 배우러 다닙니다. 관객에게 거짓말을 잘하려면 열심히 노력해야 하기 때문입니다."

마술사의 거짓말은 관객을 잘 속이고자 열심히 [ ][ ] 한 결과물이다.

어휘 이해

1 낱말의 뜻을 읽고, 문장의 빈칸에 들어갈 낱말을 보기에서 찾아 쓰세요.

보기 간 공 분 파 중 리

❶ 이사를 가기 위해 벽에서 거울을 □□했다.

낱말의 뜻 새로 나뉘어 떨어짐. 또는 그렇게 되게 함.

❷ 경찰은 도둑이 도망가는 길을 □□했다.

낱말의 뜻 속마음이나 겉으로 드러나지 않은 일의 내용을 꿰뚫어 알아차림.

❸ □□에 늘어뜨린 밧줄 위를 곡예사가 아슬아슬하게 걸어간다.

낱말의 뜻 하늘과 땅 사이의 빈 곳.

어휘 적용

2 다음 중 낱말을 잘못 활용한 친구는 누구인가요? (　　　)

① 연우: 쓰레기통에 있는 쓰레기 중에서 재활용 쓰레기를 분리했어.
② 미정: 선생님의 말에 숨은 뜻을 간파하여 숙제를 해결하지 못했어.
③ 수현: 아이는 공중에 비눗방울을 날리며 즐거워했어.
④ 효민: 조선 시대에 어떻게 이 건축물을 지었는지 불가사의해.

어휘 관계

3 다음 보기의 두 낱말의 관계와 비슷한 것은 무엇인가요? (　　　)

보기
몸 – 손

① 오른쪽 – 왼쪽
② 대중교통 – 버스
③ 흰색 – 검은색
④ 어둠 – 밝음

공부한 날 ______ 월 ______ 일

표정은 거짓말을 하지 않는다

1문단 누구나 한 번쯤 '얼굴에 다 쓰여 있다'라는 말을 들어 보았을 것입니다. 괜찮지 않지만 괜찮다고 말할 때, 속상하지만 속상하지 않은 척 할 때에 이런 말을 듣곤 합니다. 자신의 진심과 다른 말을 할 때 표정으로 진심이 드러나는 경우가 있기 때문입니다. 그래서 표정을 잘 관찰하면 그 사람의 말이 거짓인지 진실인지 구별할 수 있습니다.

2문단 사람들은 거짓말을 할 때 자신의 말이 진실인 것처럼 보이도록 노력합니다. *의식적으로 거짓말의 내용에 어울리는 몸짓을 하고 표정을 짓습니다. 그런데 사람의 얼굴에 있는 근육 중에는 스스로 *통제하기 어려운 근육이 있습니다. 바로 *미세한 표정을 지을 때 움직이는 근육이지요. 미세한 표정은 아주 짧은 시간 동안 나타나기 때문에 스스로 통제하기 어렵습니다. 그래서 이 표정을 잘 관찰하면 그 사람의 말이 진실인지 거짓인지 구별할 수 있습니다.

3문단 거짓말을 하는 사람에게서 나타나는 미세한 표정 변화는 다음과 같습니다. 먼저 침을 꿀꺽 삼키거나 코를 살짝 찡그릴 수 있습니다. 눈썹이 올라가거나 벌어진 입이 오므라들기도 하지요. 또한 질문에 멈칫하는 반응을 보이기도 합니다.

4문단 진실을 말하는 사람은 표정에 *거리낄 것이 없습니다. 하지만 거짓말을 하는 사람은 자신의 말이 거짓임을 알기에 진실이 밝혀지는 것에 두려움이나 *거부감을 느낍니다. 그리고 그런 감정은 표정에 나타나기 마련입니다. 이처럼 표정은 거짓말을 하지 않습니다.

낱말 풀이
- 의식적 어떤 것을 알거나 깨달으면서 일부러 하는 것.
- 통제 일정한 목적에 따라 행동을 제한함.
- 미세하다 알아보기 어려울 정도로 매우 작다.
- 거리끼다 일이 마음에 걸려서 꺼림칙하게 생각되다.
- 거부감 어떤 것에 대해 받아들이고 싶지 않거나 물리치고 싶은 느낌.

 노트에 글의 내용을 정리하고 한 문장으로 요약해 봐!

표정은 거짓말을 하지 않는다

문단별 핵심 내용

1문단 (　　　　　)으로 드러나는 사람의 진심

2문단 미세한 표정의 관찰로 구별할 수 있는 진실과 (　　　　　)

3문단 거짓말을 하는 사람에게 나타나는 (　　　　　　　) 표정 변화의 예

4문단 (　　　　　　　)을 하지 않는 표정

내용 간추리기

☐☐☐을 할 때 나타나는 미세한 표정

원인	미세한 표정의 예
☐☐☐ ☐☐은 스스로 통제할 수 없음.	• ☐을 꿀꺽 삼킴. • ☐를 찡그림. • ☐☐이 올라감. • 벌어진 ☐이 오므라듦.

한 문장 정리하기

미세한 ☐☐은 스스로 통제하기 어렵기 때문에 이 표정을 잘 ☐☐하면 그 사람의 말이 진실인지 거짓인지 ☐☐할 수 있다.

1주

문해력 완성하기

정답과 해설 | 99쪽

주제 찾기

1 이 글에서 글쓴이가 말하고자 하는 중심 내용은 무엇인가요? (　　　　)

① 얼굴 근육의 종류
② 사람들이 거짓말을 하는 이유
③ 미세한 표정으로 드러나는 거짓말
④ 거짓말을 하는 사람의 마음

내용 이해

2 3문단 의 내용으로 미루어 보아, 진실을 말하고 있는 사람은 누구인가요? (　　　　)

내용 추론

3 다음은 거짓말하는 동생에게 말해 주고 싶은 관용구와 속담입니다. 빈칸에 공통으로 들어갈 낱말을 쓰세요.

- **관용구**: (　　　　)을 밥 먹듯 하다.
- **속담**: 십 년 가는 (　　　　) 없다.

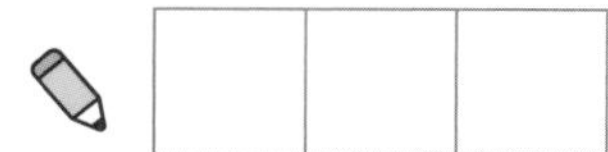

어휘력 완성하기

정답과 해설 | 99쪽

어휘 이해

1 밑줄 친 낱말의 뜻으로 알맞은 것을 찾아 줄로 이으세요.

① 운전자는 경찰의 교통 통제에 따라야 한다.	• • ㉠	일이 마음에 걸려서 꺼림칙하게 생각됨.
② 이렇게 미세한 것은 현미경으로 관찰해야 한다.	• • ㉡	일정한 목적에 따라 행동을 제한함.
③ 사람은 양심에 거리낌이 없도록 행동해야 한다.	• • ㉢	알아보기 어려울 정도로 매우 작다.

어휘 적용

2 다음 일기를 읽고, 빈칸에 공통으로 들어갈 낱말을 쓰세요.

20○○년 5월 8일 비 오다가 갠 날

동생의 거짓말

저녁에 할머니께서 동생에게 숙제를 다 했냐고 물으셨다. 동생은 숙제를 다 했다고 말했다. 그런데 나는 동생의 얼굴에서 잠시 걱정하는 (　　　　)이 나타나는 것을 보았다.

"너 숙제 다 했다는 거 혹시 거짓말 아니야?"라고 묻자, 동생이 깜짝 놀랐다.

이게 다 미세한 (　　　　)을 잘 관찰한 덕이다.

어휘 관계

3 밑줄 친 낱말들을 포함하는 낱말은 무엇인가요? (　　　　)

거짓말을 하는 사람은 자신의 말이 거짓임을 알기에 두려움이나 거부감을 느낍니다.

① 감정　　② 표정　　③ 진심　　④ 생각

가짜 뉴스, 달콤한 함정

국어 5-2

1문단 최근 가짜 뉴스로 많은 사람들이 혼란을 겪고 있습니다. 가짜 뉴스란 마치 사실인 것처럼 퍼지는 거짓된 뉴스를 말합니다. 정보의 빠른 *공유가 가능해지자 가짜 뉴스도 발 빠르게 퍼지며 사회에 큰 혼란을 일으키고 있습니다.

2문단 그렇다면 사람들은 왜 가짜 뉴스에 끌리는 걸까요? 실제로 우리의 뇌는 딱딱하고 지루한 정보에 관심을 가지지 않습니다. *자극적이고 재미있는 이야깃거리로 포장된 정보에 흥미를 보이곤 하지요. 이로 인해 사람들은 가짜 뉴스에 관심을 갖게 되고, 다른 사람에게 가짜 뉴스를 공유하기도 합니다.

3문단 사람들 사이로 퍼진 가짜 뉴스는 여러 문제를 낳습니다. 우선 가짜 뉴스를 접한 사람은 잘못된 정보를 사실이 확인된 정보로 받아들일 수 있습니다. 그리고 가짜 뉴스를 통해 알게 된 정보의 사실 여부를 따지지 않고, 진실을 *왜곡하는 사람이 될 수 있습니다. 가짜 뉴스가 연예인과 같은 특정 인물에 대한 이야기를 다루었다면, 피해를 입는 사람도 생길 수 있습니다. 또한, 일어나지도 않은 전쟁이나 자연재해를 다룬 가짜 뉴스는 사람들에게 불안감을 느끼게 합니다.

4문단 그렇다면 가짜 뉴스의 함정에 빠지지 않기 위해서는 어떻게 해야 할까요? 첫째, 우리가 접하는 뉴스를 무조건 믿지 말고 사실이 확인된 내용인지 꼼꼼히 따져 보아야 합니다. 둘째, *기존에 내가 알고 있는 정보가 잘못된 것일 수도 있다는 생각, 즉 *의심하는 자세를 지녀야 합니다. 셋째, 우리가 어떤 정보를 다른 사람과 공유할 때 내가 전달하는 정보에 대한 책임 의식을 가져야 합니다. 가짜 뉴스의 홍수에서도 달콤한 거짓말에 속지 않으려는 노력을 기울일 때, 비로소 왜곡된 정보를 걸러 내고 올바른 판단을 내릴 수 있습니다.

낱말 풀이
- 공유 두 사람 이상이 한 물건이나 정보를 공동으로 가지고 있음.
- 자극적 자극하는 성질이 있는.
- 왜곡 사실과 다르게 해석하거나 그릇되게 함.
- 기존 이미 존재함.
- 의심 확실히 알 수 없어서 믿지 못하는 마음.

노트에 글의 내용을 정리하고 한 문장으로 요약해 봐!

가짜 뉴스, 달콤한 함정

1주

문단별 핵심 내용

- 1문단 가짜 뉴스로 (　　　　　)을 겪는 사람들
- 2문단 사람들이 (　　　　　　　　)에 끌리는 이유
- 3문단 가짜 뉴스로 인해 생기는 여러 (　　　　　)
- 4문단 가짜 뉴스의 (　　　　　)에 빠지지 않기 위한 방법

내용 간추리기

가짜 뉴스

가짜 뉴스에 끌리는 까닭	자극적이고 재미있는 이야깃거리로 포장된 정보에 흥미를 보이는 뇌
가짜 뉴스가 낳는 여러 문제	• 진실을 □□ 하는 사람이 될 수 있음. • 피해를 입는 사람이 생길 수 있음. • 사람들에게 □□□ 을 느끼게 함.
□□ □□ 에 빠지지 않는 방법	• 뉴스가 사실인지 꼼꼼히 따져 보아야 함. • □□ 하는 자세를 지녀야 함. • □□ 의식을 가져야 함.

한 문장 정리하기

가짜 뉴스는 여러 □□ 를 낳으므로, 가짜 뉴스의 □□□ 에 속지 않기 위한 노력을 기울일 때 올바른 □□ 을 내릴 수 있다.

주제 찾기

1 이 글의 주제로 알맞은 것은 무엇인가요? (   )

① 가짜 뉴스가 만들어진 까닭
② 가짜 뉴스를 만드는 사람들
③ 가짜 뉴스의 문제점과 가짜 뉴스에 빠지지 않는 방법
④ 우리 주변에서 볼 수 있는 가짜 뉴스의 예

내용 이해

2 이 글의 내용을 바르게 말한 친구에게는 ○표, 틀리게 말한 친구에게는 X표 하세요.

소현 ▶ 가짜 뉴스는 사람들의 관심을 불러일으키는 힘이 있어. (   )
동현 ▶ 가짜 뉴스로 피해를 입은 경우는 매우 드물어. (   )
우리 ▶ 가짜 뉴스는 사람들이 사실을 왜곡하게 만들어. (   )
채은 ▶ 가짜 뉴스에 빠지지 않으려면 자신의 생각을 늘 믿어야 해. (   )

내용 적용

3 다음 글을 읽고, 빈칸에 들어갈 알맞은 낱말을 쓰세요.

정보를 무조건 받아들이기보다 의심하고 확인하는 태도를 지녀야 합니다. 그래야 거짓된 정보로 가득한 세상으로부터 자신을 지킬 수 있습니다. 즉, 이러한 태도를 갖춘 사람은 가짜 뉴스를 접해도 이를 막아 낼 수 있는 방패를 가진 셈입니다.

정보를 의심하고 확인하는 태도는 □□ □□로부터 스스로를 지켜 준다.

어휘 이해

1 낱말의 뜻을 읽고, 알맞은 낱말을 찾아 줄로 이으세요.

❶	사실과 다르게 해석하거나 그릇되게 하다.	㉠	포장하다
❷	두 사람 이상이 한 물건이나 정보를 공동으로 가지다.	㉡	왜곡하다
❸	겉으로만 그럴듯하게 꾸미다.	㉢	공유하다

어휘 적용

2 다음 글을 읽고, 빈칸에 공통으로 들어갈 낱말을 보기에서 찾아 쓰세요.

보기

의심 확인 공유 왜곡

• 사람들이 환경 보호에 관심을 가질 수 있도록, 이 글을 사람들에게 (   )해 주세요.
• 자연환경은 우리만의 것이 아닙니다. 모두 함께 (   )하고 지켜야 할 위대한 유산입니다.

어휘 관계

3 다음 보기의 두 낱말의 관계와 비슷한 것은 무엇인가요? (   )

보기

진실 – 참

① 가짜 – 거짓 ② 신발 – 운동화
③ 의심 – 믿음 ④ 색 – 빨강

공부한 날 ______ 월 ______ 일

동물들의 감쪽같은 거짓말

과학 3-2

1문단 사람들은 *평균적으로 하루에 200번 이상의 거짓말을 한다고 합니다. 생각보다 거짓말을 하는 횟수가 많게 느껴지나요? 물론 남을 속이고 해를 끼치는 거짓말도 있지만, 그렇지 않은 거짓말도 있습니다. 반갑지 않지만 예의상 반갑다며 인사하기도 하고, 멋지지 않은 상대방의 옷을 칭찬하기도 하지요. 그런데 동물들의 세계에서도 거짓말이 존재한다고 합니다.

2문단 몇몇 동물들은 몸의 모양이나 색깔을 이용해 거짓말을 합니다. 자신보다 힘이 강한 동물로부터 몸을 보호하거나 다른 동물을 사냥하기 위해 주변과 비슷한 모습으로 스스로의 모습을 바꿉니다. 다른 동물과 비슷한 모습으로 바꾸거나 독이 있는 동물의 흉내를 내기도 합니다. 예를 들어 카멜레온은 주변 환경에 따라 몸 색깔을 바꾸고, 광대꽃하늘소는 말벌의 흉내를 내며 상대를 *위협합니다.

3문단 다친 척을 하거나 죽은 척을 하며 그럴듯하게 꾸미는 거짓된 태도로 거짓말하는 동물들도 있습니다. 주머니쥐는 천적인 *고양잇과 동물과 마주치면 얼른 누워 죽은 시늉을 합니다. 그리고 몸에서 죽은 동물의 썩은 냄새를 풍겨 천적을 불쾌하게 만들고 멀리 달아나게 합니다.

4문단 사람처럼 소통하는 법을 배운 동물이 거짓말을 하기도 합니다. '코코'라는 고릴라는 어릴 때부터 사람의 언어를 *수화로 표현하는 훈련을 통해 1,000여 가지의 수화를 할 수 있었던 것으로 알려졌습니다. 그런데 코코는 종종 자신의 잘못을 함께 살던 고양이에게 뒤집어씌우는 거짓말을 했다고 합니다. 이처럼 동물들의 거짓말은 사람들에게 사랑받기 위한, 또는 자연에서 살아남기 위한 *생존 전략이라고 할 수 있습니다.

낱말 풀이
- 평균적 수량이나 정도 따위가 중간이 되는 것.
- 위협하다 상대편이 겁을 먹도록 말이나 행동을 하다.
- 고양잇과 고양이나 호랑이처럼 날카로운 이와 발톱을 가진 육식 동물.
- 수화 손과 손가락의 모양, 방향, 위치, 움직임을 달리 하여 의미를 전달하는 언어.
- 생존 전략 특정 환경에서 살아남기 위한 방법이나 행동.

 노트에 글의 내용을 정리하고 한 문장으로 요약해 봐!

동물들의 감쪽같은 거짓말

문단별 핵심 내용

- 1문단 (　　　　　　　　)의 세계에도 존재하는 거짓말
- 2문단 몸의 모양이나 (　　　　　　)을 이용해 거짓말을 하는 동물
- 3문단 그럴듯하게 꾸민 거짓된 태도로 (　　　　　　　　)을 하는 동물
- 4문단 사람처럼 (　　　　　　)하는 법을 배워 거짓말을 하는 동물

내용 간추리기

동물들의 거짓말 = 동물들의 □□ 전략

카멜레온	몸의 □□을 바꿈.
광대꽃하늘소	□□의 흉내를 냄.
□□□□	죽은 시늉을 함.
□□□ '코코'	고양이에게 잘못을 뒤집어씌움.

한 문장 정리하기

동물들은 □□ 전략으로 몸의 모양이나 □□, 그럴듯하게 꾸민 거짓된 □□로 거짓말을 한다.

주제 찾기

1 이 글에서 글쓴이가 말하고자 하는 중심 내용은 무엇인가요? (　　　　)

① 거짓말을 하면 안 되는 이유

② 고릴라와 수화로 소통하는 방법

③ 동물들의 거짓말

④ 카멜레온의 생존 전략

내용 이해

2 이 글의 내용을 바르게 이해하지 못한 사람은 누구인가요? (　　　　)

① 은우: 주변 환경과 비슷한 색으로 몸의 색을 바꾸는 동물이 있어.

② 도겸: 고양잇과 동물들은 죽은 주머니쥐를 먹지 않아.

③ 세인: 다친 척이나 죽은 척하는 동물도 있어.

④ 선유: 거짓말을 하는 동물들은 결코 자연에서 생존할 수 없어.

내용 적용

3 다음 대화를 읽고, 빈칸에 들어갈 알맞은 낱말을 쓰세요.

카멜레온: 다람쥐야, 어디 다녀오는 길이야?

다람쥐: 응. 맛있는 나무 열매가 있는지 보려고 숲에 가 봤지. 그런데 그곳에 뱀이 있어서 깜짝 놀랐지 뭐야. 카멜레온아, 너는 걸음이 느리니까 깊은 숲에 절대 가지 마.

카멜레온: 고마워. 나는 느린 대신에 나를 지키는 방법이 있어! 바로 주변 환경과 비슷한 (　　　　)로 변하는 거야.

다람쥐: 어머, 너 나뭇잎 색깔이랑 똑같이 변해서 나뭇잎인 줄 알았어. 정말 대단해!

어휘 이해

1 밑줄 친 낱말의 뜻으로 알맞은 것을 찾아 줄로 이으세요.

① 스컹크는 지독한 냄새로 적을 <u>위협</u>한다. •		• ㉠ 생각이나 느낌을 언어나 몸짓을 사용하여 나타냄.
② 우리 형은 여러 동물의 소리를 잘 <u>흉내</u> 낸다. •		• ㉡ 남이 하는 말이나 행동을 그대로 옮기는 것.
③ 선생님께 감사의 마음을 <u>표현</u>하기 위해 편지를 드렸다. •		• ㉢ 상대편이 겁을 먹게 하는 말이나 행동.

어휘 적용

2 다음 대화를 읽고, 빈칸에 공통으로 들어갈 낱말을 보기 에서 찾아 쓰세요.

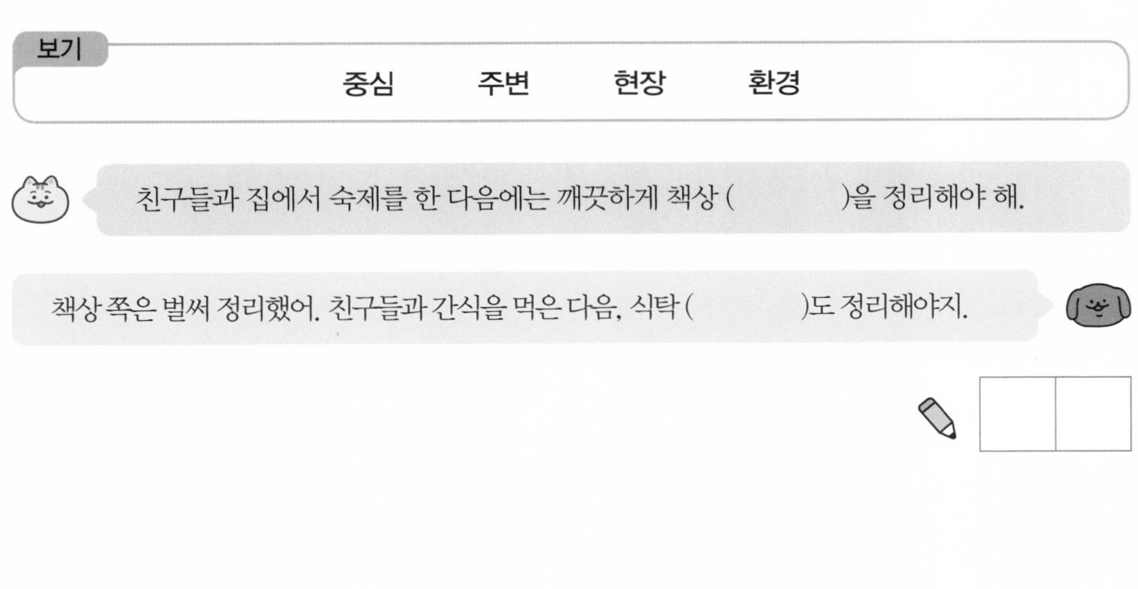

어휘 관계

3 밑줄 친 낱말과 뜻이 비슷한 것은 무엇인가요? (　　　)

주머니쥐는 천적인 고양잇과 동물과 마주치면 얼른 누워 죽은 <u>시늉</u>을 합니다.

① 말　② 일　③ 척　④ 값

공부한 날 ______ 월 ______ 일

거짓말도 보여요!

과학 6-2

1문단 범죄가 일어났던 곳에서 무언가를 조사하는 사람들, 바로 과학 수사를 진행하는 요원들입니다. 과학 수사 기술로는 지문 *감정, 유전자 감정 등 여러 가지가 있으며, 우리에게 가장 잘 알려진 것으로 거짓말 탐지기 검사가 있습니다.

2문단 거짓말을 하는 사람들에게는 다양한 신체 반응이 나타납니다. 두렵고 불안한 마음에 평소보다 심장이 빨리 뛰고, 얼굴색이 붉어지며, 입안이 마릅니다. 눈을 자주 깜빡거리거나 식은땀을 흘리기도 합니다. 거짓말을 할 때 우리 몸에서 나오는 카테콜아민이라는 물질로 인해 코 쪽의 온도가 높아져 자기도 모르는 사이 코를 긁기도 합니다.

3문단 그렇다면 거짓말 탐지기는 거짓말을 어떻게 *판별하는 걸까요? 사람의 가슴, 팔, 손가락 등 여러 곳에 연결된 거짓말 탐지기의 *센서는 신체의 다양한 반응을 *측정합니다. 가슴에 연결된 센서는 호흡의 변화를, 팔에 연결된 센서는 심장이 뛰는 속도의 변화를 측정하고, 손가락에 연결된 센서는 땀이 나오는 양의 변화를 측정합니다. 즉, 우리 몸의 다양한 변화를 측정하여 참과 거짓을 알아내는 것이죠.

4문단 최근 거짓말 탐지기는 다양한 방식으로 발전하고 있습니다. 열화상 카메라를 이용해 코끝의 온도 변화로 거짓말을 판별하는 탐지기, *동공 크기의 변화로 거짓말을 알아내는 탐지기도 있습니다. 또한, 거짓말을 할 때 *뇌파가 움직이는 정도로 거짓말을 잡아내는 뇌파 거짓말 탐지기도 있지요. 이러한 거짓말 탐지기들은 몸에 센서를 연결해야 하는 번거로움을 줄여 주고, 사용법이 간단해 *활용도가 높아지고 있습니다.

낱말 풀이
- 감정 사물의 특성이나 참과 거짓, 좋고 나쁨을 가려 결정함.
- 판별 옳고 그름이나 좋고 나쁨을 판단하여 구별함.
- 센서 소리, 빛, 온도, 압력 따위를 알아내는 장치.
- 측정 일정한 양을 기준으로 하여 같은 종류의 다른 양의 크기를 잼.
- 동공 눈동자 검은자 위 안쪽 중앙의 비어 있는 공간.
- 뇌파 뇌의 활동으로 일어나는 전류.
- 활용도 어떤 물건이나 방법을 이용하는 정도.

 노트에 글의 내용을 정리하고 한 문장으로 요약해 봐!

거짓말도 보여요!

문단별 핵심 내용

- 1문단 여러 가지 과학 (　　　　　) 기술
- 2문단 (　　　　　　　)을 할 때 나타나는 다양한 신체 반응
- 3문단 우리 몸의 (　　　　　)를 측정해 거짓말을 판별하는 거짓말 탐지기
- 4문단 다양한 방식으로 발전하고 있는 (　　　　　　　　　　　　)

내용 간추리기

거짓말 탐지기

거짓말을 할 때 나타나는 신체 반응	거짓말을 판별하는 방법
• □□이 빨리 뛴다. • 얼굴색이 붉어진다. • 입안이 마른다. • 눈을 자주 깜빡거린다. • □□□을 흘린다. • 코 쪽의 온도가 높아진다.	• 가슴 센서: □□의 변화 측정 • □ 센서: 심장이 뛰는 속도의 변화 측정 • 손가락 센서: □이 나오는 양의 변화 측정

한 문장 정리하기

거짓말 □□□는 거짓말을 할 때 나타나는 우리 □의 다양한 □□를 측정해 거짓말을 판별한다.

주제 찾기

1 이 글의 주제로 알맞은 것은 무엇인가요? ( )

① 거짓말의 나쁜 점

② 신체 반응을 이용한 거짓말 탐지기

③ 거짓말 탐지기의 역사

④ 거짓말 탐지기를 사용하면 좋은 점

내용 이해

2 이 글의 내용을 바르게 말한 친구에게는 ○표, 틀리게 말한 친구에게는 X표 하세요.

근민 거짓말을 하면 식은땀이 흐르는구나. ( )

세영 모든 거짓말 탐지기는 반드시 센서를 몸에 연결해야 작동돼. ( )

민형 거짓말을 할 때 다양한 신체 반응들이 나타나. ( )

예은 코끝의 온도 변화로 거짓말을 판별하는 탐지기는 사용법이 간단해. ( )

내용 추론

3 다음 대화를 읽고, 빈칸에 들어갈 알맞은 낱말을 쓰세요.

존 왓슨: 여보게, 홈즈. 무슨 일이라도 생겼나?

셜록 홈즈: 범인이 자꾸 거짓말을 하며 범죄를 인정하지 않아서 고민일세.

존 왓슨: 저 사람이 거짓말을 한다고?

셜록 홈즈: 저 붉어진 얼굴 좀 보게. 그리고 자꾸 코를 만지는 것이 의심스럽지 않은가?

존 왓슨: 얼굴은 원래 잘 붉어지는 것일 수도 있고, 코를 만지는 것도 습관일 수 있지.

셜록 홈즈: 그럴 수도 있군. 그럼 거짓말 탐지기를 사용하는 수밖에 없겠어.

존 왓슨: 체온을 측정하는 거짓말 탐지기를 사용하면 어떤가?

셜록 홈즈: □□□ □□□를 이용한 거짓말 탐지기를 사용하여 코끝의 온도 변화로 거짓말을 알아내면 되겠군.

어휘 이해

1 낱말의 뜻을 읽고, 문장의 빈칸에 들어갈 낱말을 보기에서 찾아 쓰세요.

보기: 판 측 반 정 별 응

❶ 그 사람의 잘못을 [ ][ ]하는 것은 쉽지 않았다.

낱말의 뜻 옳고 그름이나 좋고 나쁨을 판단하여 구별함.

❷ 감기에 걸려 열이 나는 것 같아 온도계로 열을 [ ][ ]해 보았다.

낱말의 뜻 일정한 양을 기준으로 하여 같은 종류의 다른 양의 크기를 잼.

❸ 간지럼을 태웠지만 아무런 [ ][ ]이 없었다.

낱말의 뜻 바깥 부분에서 주어지는 자극에 대하여 어떤 태도나 행동, 현상이 일어나는 것.

어휘 적용

2 다음 글을 읽고, 빈칸에 공통으로 들어갈 낱말을 보기에서 찾아 쓰세요.

보기: 환경 변화 대책 좌절

- 지구의 기온이 높아지자 기후 (   )로/으로 인해 여러 문제가 나타나고 있습니다.
- 농사를 짓기 시작하면서 인류의 삶은 매우 큰 (   )을/를 맞이하였습니다.

✎ [ ][ ]

어휘 관계

3 밑줄 친 낱말과 뜻이 비슷한 것은 무엇인가요? (   )

거짓말 탐지기는 거짓말을 어떻게 <u>판별</u>하는 걸까요?

① 측정 ② 심판 ③ 구별 ④ 반응

세계 최고의 거짓말쟁이를 뽑는 대회가 있다고?

영국의 한 마을에서는 매년 11월마다 세계 최고의 거짓말쟁이를 뽑는 대회가 열립니다. 과거 이 마을에 살았던 한 노인을 기리기 위한 대회인데요. 이 노인은 자신의 가게를 찾아오는 손님들을 재치 있고 그럴듯한 거짓말로 즐겁게 해 주었다고 합니다.

이 대회에는 어느 나라 사람이든 상관없이 참가할 수 있습니다. 하지만 정치인과 변호사를 직업으로 둔 사람은 참가할 수 없습니다. 정치인과 변호사는 거짓말에 너무 익숙한 사람들이기 때문입니다.

2007년 열린 대회에서 세계 최고의 거짓말쟁이로 뽑힌 사람이 있습니다. 그는 다음과 같이 거짓말을 했다고 합니다.

"저는 단 한 번도 거짓말을 한 적이 없습니다."

그는 가장 짧은 거짓말로 우승을 차지했습니다. 세계 최고의 거짓말쟁이가 되기 위한 엉뚱하고 유쾌한 거짓말이 세상을 행복하게 만들어 주기도 합니다.

Q. 세계 거짓말 대회에 참가하지 못하는 사람들의 직업은 무엇인지 빈칸에 쓰세요.

☐☐☐, ☐☐☐

정답 정치인, 변호사

2주

주제어

색깔

일차	영역	공부할 내용	쪽수	공부할 날	스스로 평가
1	예술	색깔로 보는 명화	32~35쪽	월 일	
2	인문	누가 보라색 옷을 입었나	36~39쪽	월 일	
3	사회	이 색은 살구색일까? 살색일까? 사회 4-2	40~43쪽	월 일	
4	기술	빛나는 색깔, 형광펜의 탄생	44~47쪽	월 일	
5	과학	무지개의 색은 몇 가지일까? 과학 6-1	48~51쪽	월 일	

색깔로 보는 명화

1문단 사람은 시각을 통해 대부분의 정보를 얻습니다. 그중에서도 색깔의 영향을 가장 크게 받습니다. 화가들은 작품의 의도나 분위기를 잘 표현하기 위해 신중하게 색을 골라 그림을 그립니다. 그렇다면 *명화에 사용된 색은 각각 어떤 역할을 할까요?

2문단 빨간색은 정열, 흥분, 위험 등을 떠올리게 하는 색입니다. 우리나라의 이중섭 화가는 소를 그린 다양한 작품에 자신의 마음과 처지를 나타냈습니다. 그는 「황소」라는 작품에 힘차게 고개를 들어 올린 소의 모습을 담았습니다. 특히, 그림의 배경에는 빨간색을 사용하여 소의 힘과 정열을 *강렬하게 드러냈습니다.

3문단 프랑스에서 활동했던 화가 파블로 피카소는 「늙은 기타리스트」라는 작품에 힘없이 고개를 푹 수그린 늙은 음악가를 담아냈습니다. 그는 파란색을 사용해 기타를 치는 음악가의 모습을 한층 더 *음울하게 표현하였습니다. 피카소는 젊은 시절에 경제적 어려움을 겪고 괴로워했는데, 작품에 사용된 파란색이 그의 우울하고 *절망적인 감정을 고스란히 보여 줍니다. 파란색은 대체로 시원하고 밝은 느낌을 주기도 하지만, 우울하거나 절망적인 감정을 표현하기도 합니다.

4문단 노란색은 빛에 가까운 색으로 명랑, *환희, 희망, 따뜻함을 떠오르게 합니다. 오스트리아의 화가인 구스타프 클림트는 황금빛에 가까운 밝은 노란색을 즐겨 사용한 것으로 유명합니다. 그는 「키스」라는 작품에서 꽃밭 위의 연인을 밝은 노란색으로 나타내어 사랑에 빠진 연인의 환희와 *황홀한 순간을 표현했습니다.

▲ 이중섭 「황소」

낱말 풀이

명화 아주 잘 그린 그림. 또는 유명한 그림.
강렬하다 강하고 세차다.
음울하다 기분이나 분위기 따위가 어두컴컴하고 우울하다.
절망 바라볼 것이 없게 되어 모든 희망이 없어진 상태.
환희 매우 기뻐함. 또는 큰 기쁨.
황홀 눈이 부실 정도로 찬란하거나 화려함.

 노트에 글의 내용을 정리하고 한 문장으로 요약해 봐!

색깔로 보는 명화

문단별 핵심 내용

1문단 명화에 사용된 (   )의 역할

2문단 빨간색은 (   ), 흥분, 위험 등을 떠올리게 함.

3문단 파란색은 밝은 느낌을 주기도 하지만, (   )하거나 절망적인 감정을 표현함.

4문단 노란색은 (   ), 환희, 희망, 따뜻함을 떠오르게 함.

내용 간추리기

한 문장 정리하기

명화에서 사용된 _____은 작품의 의도나 ______________를 표현하는 __________을 한다.

주제 찾기

1 이 글의 주제로 알맞은 것은 무엇인가요? ( )

① 슬픈 감정을 표현한 피카소의 명화
② 명화를 그린 화가들이 좋아하는 색을 만드는 방법
③ 명화에서 연인의 사랑을 표현하기 위해 사용된 색깔
④ 명화에서 사용된 색의 역할

내용 이해

2 이 글의 내용을 바르게 말한 친구에게는 ○표, 틀리게 말한 친구에게는 X표 하세요.

선호 ▸ 이중섭은 고개를 내리고 있는 소의 모습을 파란색으로 담아냈어 . ( )
혜진 ▸ 파블로 피카소는 힘없이 기타를 치는 늙은 기타리스트를 그렸어. ( )
유리 ▸ 구스타프 클림트는 꽃밭 위의 연인을 노란색으로 나타냈어. ( )
태영 ▸ 파블로 피카소는 젊은 시절 주로 노란색으로 우울함을 표현했어. ( )

내용 적용

3 다음 글을 읽고, 빈칸에 들어갈 알맞은 낱말을 쓰세요.

> 같은 빨간색도 작가의 감정과 의도에 따라 다르게 쓰이기도 한다. 뭉크의 작품 「절규」에는 마치 비명을 지르듯, 눈을 크게 뜨고 입을 벌린 채 두 볼에 손을 갖다 댄 사람의 모습이 그려져 있다. 그 사람 뒤로 보이는 하늘은 그의 마음을 나타내는 것처럼 빨간색으로 칠해져 있다. 화가의 절망적인 감정 상태를 붉은 노을로 표현한 것이다.

✎ 이중섭 화가는 「황소」에서 빨간색을 사용해 힘과 정열을 드러냈지만, 뭉크는 「절규」에서 절망적인 감정 상태를 [ ][ ][ ]으로 표현했다.

어휘 이해

1 낱말의 뜻을 읽고, 문장의 빈칸에 들어갈 낱말을 보기에서 찾아 쓰세요.

보기 환 의 희 절 도 망

① 마침내 꿈을 이룬 그녀는 [ ][ ]의 환호성을 질렀다.

낱말의 뜻 매우 기뻐함. 또는 큰 기쁨.

② 한참 도망치던 그녀는 막다른 골목이 나오자 깊은 [ ][ ]을 느꼈다.

낱말의 뜻 바라볼 것이 없게 되어 모든 희망이 없어진 상태.

③ 내 [ ][ ]와는 다르게 일이 점점 잘못되어 가고 있었다.

낱말의 뜻 무엇을 하고자 하는 생각이나 계획.

어휘 적용

2 밑줄 친 낱말과 같은 뜻으로 쓰인 문장에는 ○표, 그렇지 않은 문장에는 X표 하세요.

사람은 시각을 통해 대부분의 정보를 얻습니다.

① 사람에게는 시각, 청각, 촉각, 미각, 후각의 다섯 가지 감각이 있다. (　　　)
② 앞을 보지 못하는 시각 장애인을 돕기 위해 안내견이 훈련을 받는다. (　　　)
③ 새해 일출을 보기 위해서는 미리 해 뜨는 시각을 확인해야 한다. (　　　)

어휘 관계

3 밑줄 친 낱말과 뜻이 비슷한 것은 무엇인가요? (　　　)

그는 파란색을 사용해 기타를 치는 음악가의 모습을 한층 더 음울하게 표현하였습니다.

① 발랄하게　② 우울하게　③ 명랑하게　④ 위험하게

공부한 날 ______ 월 ______ 일

누가 보라색 옷을 입었나

1문단 지금은 누구나 보라색 옷을 입을 수 있습니다. 그러나 아주 먼 옛날에는 그렇지 않았습니다. 동양과 서양을 *막론하고 보라색은 오랫동안 상류층만 사용할 수 있는 색이었습니다. 그래서 교황이나 황제, 귀족과 같이 계급이나 지위가 높은 사람들만 보라색 옷을 입을 수 있었습니다.

2문단 *소수의 사람들만 보라색 옷을 입을 수 있었던 이유는 보라색 *염료가 매우 값비쌌기 때문입니다. 과거에는 보라색을 바다 소라에서만 *채취할 수 있었습니다. 그런데 손수건 한 장을 물들일 염료를 얻으려면 12,000마리의 바다 소라가 필요했습니다. 그 정도로 한 마리의 소라에서 얻을 수 있는 염료의 양이 적었고, 염료를 얻는 과정도 까다로웠습니다.

3문단 다행스럽게도 19세기 중반 *화학 염료가 발명되어 염료의 값이 많이 *저렴해졌습니다. 그래서 신분이나 계급과 상관없이 누구나 보라색 옷을 입을 수 있게 되었습니다. 보라색 염료를 얻기 위해 더 이상 애꿎은 바다 소라를 희생시킬 필요도 없어졌습니다.

4문단 최근에는 정치인들이 *화합의 의미로 보라색 옷을 입기도 합니다. 화학 염료로 보라색을 만들 때 파란색과 빨간색을 섞어야 하는데, 두 색을 섞어 만든 보라색 옷을 입음으로써 서로 화합하자는 의미를 전하는 것입니다.

5문단 이렇게 보라색 옷의 의미는 시간의 흐름에 따라 변해 왔습니다. 높은 신분을 가진 소수의 사람들만 입을 수 있었던 보라색 옷을 지금은 누구나 입을 수 있습니다. 또 화합의 의미로 보라색 옷을 입기도 합니다. 미래에는 보라색 옷이 어떤 의미를 가지게 될까요?

낱말 풀이

막론하다 이것저것 따지고 가려 말하지 아니하다.
소수 적은 수.
염료 옷감 따위에 빛깔을 들이는 물질.
채취 풀, 나무, 광석 따위를 찾아 베거나 캐거나 하여 얻어 냄.
화학 염료 사람의 힘으로 만든 염료.
저렴하다 물건의 값이 싸다.
화합 화목하게 어울림.

노트에 글의 내용을 정리하고 한 문장으로 요약해 봐!

누가 보라색 옷을 입었나

문단별 핵심 내용

1문단 계급이나 지위가 높은 사람들만 입을 수 있었던 (   ) 옷

2문단 소수의 사람들만 보라색 옷을 입을 수 있었던 (   )

3문단 화학 염료의 (   )으로 누구나 입을 수 있게 된 보라색 옷

4문단 (   )의 의미로도 입는 보라색 옷

5문단 시간의 흐름에 따라 변해 온 보라색 옷의 (   )

내용 간추리기

보라색 옷

아주 먼 옛날
- □□□만 입을 수 있는 옷
- □□ □□에서 얻은 염료를 사용
- 보라색 염료 값이 비쌌음.

19세기 중반~지금
- 누구나 입을 수 있는 □
- 화학 염료를 사용
- 보라색 염료 □이 저렴함.
- □□의 의미

한 문장 정리하기

아주 먼 옛날에는 ____________________을 계급이나 __________가 높은 소수의 사람들만 입을 수 있었지만, 화학 염료의 발명으로 지금은 ______________ 입을 수 있게 되었다.

주제 찾기

1 이 글의 제목을 다시 붙인다고 할 때 가장 적절한 것은 무엇인가요? (　　　　)

① 보라색을 만드는 방법

② 보라색의 탄생

③ 보라색 옷의 역사

④ 사람들이 보라색 옷을 좋아하는 까닭

내용 이해

2 1문단 의 내용으로 미루어 보아, 다음 그림에서 신분이 가장 높은 사람을 찾아 ○표 하세요.

▲ 로마 황제 유스티니아누스 1세와 그의 수행원들

내용 추론

3 다음 대화를 읽고, 빈칸에 들어갈 알맞은 낱말을 쓰세요.

정민: 오빠, 갑자기 옷은 왜 갈아입었어?

정우: 아빠는 빨간색을 좋아하고 엄마는 파란색을 좋아하잖아. 지금 엄마랑 아빠는 다투어서 우리 집 분위기가 아주 차갑고.

정민: 그게 오빠가 보라색 옷을 입은 것과 무슨 상관이야?

정우: 보라색은 빨간색과 파란색을 섞어서 만들잖아. 그래서 엄마와 아빠가 (　　　　)하기를 바라는 마음으로 보라색 옷을 입었어.

어휘 이해

1 낱말의 뜻을 읽고, 문장의 빈칸에 들어갈 낱말을 보기 에서 찾아 쓰세요.

보기 염 채 계 취 급 료

① 천연 [ ][ ]를 얻기 위해 희생되었던 많은 동물들이 더 이상 죽임을 당하지 않게 되었다.

낱말의 뜻 옷감 따위에 빛깔을 들이는 물질.

② 이 산에서는 나물 [ ][ ]를 금지하고 있다.

낱말의 뜻 풀, 나무, 광석 따위를 찾아 베거나 캐거나 하여 얻어 냄.

③ 옛날에는 [ ][ ]이나 지위가 높은 사람만 보라색 옷을 입을 수 있었다.

낱말의 뜻 한 사회에서 신분, 재산, 직업 따위가 비슷한 사람들로 이루어진 집단. 또는 나뉘어진 신분의 위치.

어휘 적용

2 다음 대화를 읽고, 빈칸에 들어갈 알맞은 낱말을 쓰세요.

딸: 아빠, 보통 소금은 바다에서 얻죠?

아빠: 그렇지.

딸: 그럼 바다가 없는 나라에서는 소금을 만들지 못하나요?

아빠: 산에 있는 소금 *광산에서 소금을 (　　　　)하는 방법도 있지. 소금 덩어리인 암염을 캐낸 다음, 갈아서 소금을 만든단다.

*광산 금, 은과 같은 광물을 캐내는 곳.

[ ][ ]

어휘 관계

3 밑줄 친 낱말과 뜻이 반대인 것은 무엇인가요? (　　　　)

과거에는 <u>소수</u>의 사람들만 보라색 옷을 입을 수 있었지만, 지금은 누구나 입을 수 있다.

① 신분 ② 다수 ③ 계급 ④ 지위

공부한 날 ______ 월 ______ 일

이 색은 살구색일까? 살색일까?

사회 4-2

1문단 우리가 사용하는 크레파스를 살펴보면 살구색이라는 색깔이 있습니다. 그런데 이 색은 이름이 두 번이나 바뀌어서 살구색이 되었다고 합니다. 왜 그런 걸까요?

2문단 살구색의 첫 이름은 '살색'이었습니다. 살색은 '살갗의 색'을 말하는 것으로, 한국인이나 일본인 등 황인종의 피부색처럼 연한 노란 빛이라 하여 '살색'이라는 이름을 붙인 것입니다. 지금 우리 사회는 *다문화 사회입니다. 과연 살색을 떠올리면 연한 노란 빛만 떠오를까요? 사람들은 살색이라는 이름에 인종 차별의 의미가 있다는 것을 발견했고, 살색을 다른 이름으로 바꾸었습니다.

3문단 사람들이 붙인 두 번째 이름은 '연주황색'이었습니다. 그런데 연주황색이라는 이름은 한자로 이루어진 낱말이었기 때문에 어린이들은 그 뜻을 헤아리기 어려웠습니다. 한자를 잘 모르는 어린이에 대한 또 다른 차별이라는 지적을 받고, 연주황색은 다시 살구색으로 이름이 바뀌었습니다.

4문단 2001년 우리나라는 국가인권위원회법을 *제정하였습니다. 장애나 나이, 태어난 지역, 신체 조건 등에 대한 차별을 *금지하여 *인권을 보호하는 법이었습니다. 하지만 사람들은 이에 그치지 않고, 크레파스 색깔의 이름에 차별의 의미가 있음을 깨닫고 이를 *개선해 나갔습니다. 크레파스 색깔의 이름 중, '살색'이라는 이름을 인종 차별로 보았고, '연주황색'이라는 이름을 한자를 잘 모르는 어린이에 대한 차별의 표현으로 보았습니다. 이처럼 너무 익숙해서 미처 알아채지 못했던 우리 주변의 차별을 *인지하고, 이를 고치려고 노력하는 것은 보다 나은 사회를 만드는 첫걸음이 될 것입니다.

낱말 풀이
- 다문화 한 사회 안에 여러 민족이나 여러 국가의 문화가 뒤섞인 것을 이르는 말.
- 제정 제도나 법률 따위를 만들어서 정함.
- 금지 법이나 규칙이나 명령 따위로 어떤 행위를 하지 못하도록 함.
- 인권 인간으로서 당연히 가지는 기본적 권리.
- 개선 잘못된 것이나 부족한 것, 나쁜 것 따위를 고쳐 더 좋게 만듦.
- 인지 어떤 사실을 인정하여 앎.

 노트에 글의 내용을 정리하고 한 문장으로 요약해 봐!

이 색은 살구색일까? 살색일까?

문단별 핵심 내용

1문단 두 번이나 (   )이 바뀐 살구색

2문단 살구색의 첫 이름인 살색에 (   ) 차별의 의미가 있었음.

3문단 두 번째 이름인 연주황색이 (   )에 대한 차별이라는 지적이 있었음.

4문단 우리 주변의 (   )을 인지하고 고치려는 노력이 필요함.

2주

내용 간추리기

색깔 이름 변화	이름이 바뀐 이유
□□	을 의미함.

연주황색	한자를 잘 모르는 어린이에 대한 차별을 의미함.

□□□	차별을 개선하려는 노력이 담김.

한 문장 정리하기

__________이라는 색깔 이름은 인종 차별을 느끼게 하여 ____________________으로 바뀌었다가 한자를 모르는 어린이에 대한 __________로 지적되자 다시 _______________으로 이름이 바뀌었다.

주제 찾기

1 이 글에서 글쓴이가 말하고자 하는 중심 내용은 무엇인가요? ( )

① 내가 가장 좋아하는 색깔 소개
② 한자로 이루어진 색깔 이름의 종류
③ 크레파스가 만들어지는 과정
④ 색깔의 이름 변화를 통해 알아본 우리 주변의 차별

내용 이해

2 다음 중 이 글의 내용으로 바르지 않은 것은 무엇인가요? ( )

① 우리나라는 장애나 나이 등에 대한 차별을 금지한 법을 만들었다.
② 연주황색이라는 이름은 외국인들을 위해 바뀌게 되었다.
③ 살색이라는 이름은 피부색에 따른 인종 차별의 의미를 담고 있다.
④ 살구색의 처음 이름은 살색이었다.

내용 적용

3 다음 '마틴 루서 킹'의 글을 읽고, 빈칸에 들어갈 알맞은 낱말을 쓰세요.

나에게는 꿈이 있습니다. 나는 4명의 자녀들이 언젠가는 그들의 피부색으로 판단되지 않고, 그들의 인품에 의해 판단되는 나라에서 살게 되리라는 꿈을 가지고 있습니다.

– 마틴 루서 킹 –

이 글은 모든 사람은 평등하고, 피부색에 따라 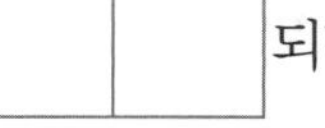 되면 안 된다는 내용이 담겨 있다.

어휘 이해

1 낱말의 뜻을 읽고, 문장의 빈칸에 들어갈 낱말을 보기 에서 찾아 쓰세요.

보기 다 개 차 선 문 별 화

❶ 마을 사람들의 건강을 위해 환경을 [ ][ ]해야 합니다.

낱말의 뜻 잘못된 것이나 부족한 것, 나쁜 것 따위를 고쳐 더 좋게 만듦.

❷ 세계 각국의 학생들이 함께 공부하며 [ ][ ][ ]를 경험할 수 있다.

낱말의 뜻 한 사회 안에 여러 민족이나 여러 국가의 문화가 뒤섞인 것을 이르는 말.

❸ 성별이나 피부색에 따라 [ ][ ]하는 것은 옳지 않다.

낱말의 뜻 둘 이상의 대상을 각각 등급이나 수준 차이를 두어서 구별함.

어휘 적용

2 다음 글을 읽고, 빈칸에 공통으로 들어갈 낱말을 보기 에서 찾아 쓰세요.

보기

제정 발견 금지 판단

- 잃어버린 보물 지도를 ( )하였습니다.
- 잘못된 행동을 ( )하여 고치려고 노력해야 합니다.

[ ][ ]

어휘 관계

3 밑줄 친 낱말과 뜻이 반대인 것은 무엇인가요? ( )

최근 남성과 여성에 대한 차별이 문제가 되고 있다.

① 구별 ② 우정 ③ 평등 ④ 인권

공부한 날 ______ 월 ______ 일

빛나는 색깔, 형광펜의 탄생

1문단 우리는 글을 읽을 때 중요하거나 기억하고 싶은 부분에 밝게 빛나는 색으로 밑줄을 그어 표시하곤 합니다. 종이에서 밝게 빛나는 이 색을 '형광색'이라고 부릅니다. 1871년 독일의 화학자 아돌프 폰 바이어는 *천연 남색 잉크를 연구하던 중, 최초의 형광 잉크 *합성에 성공했습니다.

2문단 형광 잉크가 빛나는 이유는 바로 '형광 *물질'이 들어 있기 때문입니다. 형광 물질은 빛을 받으면 *흡수한 빛을 다시 *고유의 색으로 바꿔 밖으로 내보냅니다. 그래서 밝게 빛나는 것이죠. 즉, 잉크 속에 형광 물질이 많으면 많을수록 더욱 밝게 빛이 납니다.

3문단 형광 잉크를 사용한 물건은 주변보다 밝게 보이기 때문에, 형광 잉크는 우리 생활의 다양한 곳에서 활용되고 있습니다. 비행기의 착륙을 돕는 활주로의 안내선, 어두운 도로에서 길을 안내하는 표지판은 물론, 소방관의 *방화복에도 사용됩니다. 지금 우리의 공간을 환하게 밝혀 주는 형광등에도 사용되고 있지요.

4문단 형광 잉크가 널리 사용된 또 다른 물건이 있습니다. 바로 '형광펜'입니다. 1962년, 미국의 프랜시스 혼은 색을 칠할 때 쓰는 도구인 마커에 형광 잉크를 넣어 '하이-라이터'라는 펜을 발명했습니다. 이것이 바로 우리가 현재 사용하고 있는 형광펜의 시작이 된 것이죠.

5문단 형광펜은 종이 위에 새로운 역사를 만들었으며, 전 세계의 사람들이 가장 많이 사용하는 펜 중의 하나가 되었습니다. 밝게 빛나는 형광펜 덕에 사람들은 종이 위에 가득한 글자들 사이에서도 중요한 부분을 한눈에 알아보고, 내용도 오래 기억할 수 있게 되었습니다.

낱말 풀이
- 천연 사람의 힘을 보태지 아니한 상태.
- 합성 둘 이상의 것을 합쳐서 하나를 이룸.
- 물질 물체의 본바탕.
- 흡수 밖에 있는 것을 안으로 빨아서 거두어들임.
- 고유 사물이 본래부터 특별히 갖추고 있는 것.
- 방화복 불길에 의한 피해를 막기 위하여 입는 옷.

 노트에 글의 내용을 정리하고 한 문장으로 요약해 봐!

빛나는 색깔, 형광펜의 탄생

문단별 핵심 내용

1문단 최초의 형광 잉크 (　　　　)에 성공한 독일의 화학자

2문단 형광 잉크가 빛나는 (　　　　)

3문단 우리 생활의 다양한 곳에서 활용되는 (　　　　)

4문단 형광펜의 시작이 된 (　　　　) 발명

5문단 사람들이 가장 많이 사용하는 펜 중의 하나가 된 (　　　　)

2주

내용 간추리기

형광펜

형광펜의 발명

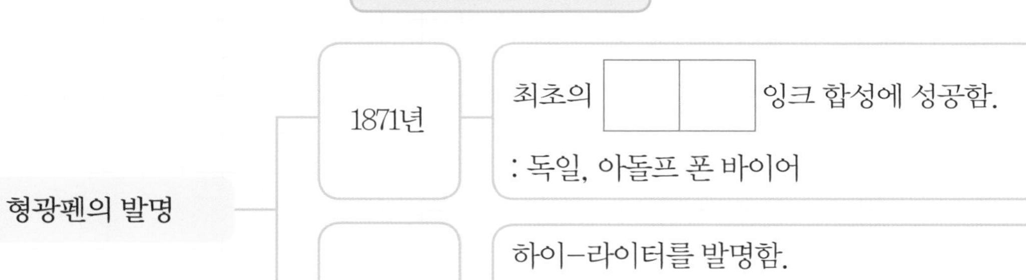

형광펜의 기능

- 중요한 부분을 [　][　]에 알아볼 수 있게 함.
- 내용을 오래 [　][　]할 수 있게 함.

한 문장 정리하기

형광 잉크를 사용한 ________은 처음 만들어진 이후, 중요한 내용을 빛나는 ______으로 표시할 수 있어 많은 사람들이 ______하는 펜 중의 하나가 되었다.

주제 찾기

1 이 글의 주제로 알맞은 것은 무엇인가요? (   )

① 형광펜을 사용할 때 주의할 점
② 형광펜의 발명
③ 형광 잉크의 쓰임
④ 형광 잉크가 빛나는 이유

내용 이해

2 이 글의 내용을 바르게 말한 친구에게는 ○표, 틀리게 말한 친구에게는 X표 하세요.

강휘 1871년 형광펜이 만들어졌어. (   )
연후 형광 잉크는 우리 생활의 많은 곳에서 활용되고 있어. (   )
아정 형광펜은 빛나기 때문에 시력을 해칠 수 있어. (   )
예주 형광펜은 현재 사람들이 많이 사용하는 펜 중의 하나야. (   )

내용 적용

3 다음 대화를 읽고, 빈칸에 들어갈 알맞은 낱말을 쓰세요.

제용: 이 펜 좀 봐. 글자를 빛나는 색으로 표시할 수 있어.
동섭: 정말 신기하다! 앞으로 공부할 때 이 펜을 자주 사용할 것 같아.
책에서 가장 중요한 내용을 표시하면 그 내용을 오래 (   )할 수 있기 때문이야.

어휘 이해

1 낱말의 뜻을 읽고, 문장의 빈칸에 들어갈 낱말을 보기에서 찾아 쓰세요.

보기 | 기 | 흡 | 억 | 방 | 수 | 화 | 복 |

❶ 소방관이 입는 □□□은 소방관의 생명을 지켜 준다.

낱말의 뜻 불길에 의한 피해를 막기 위하여 입는 옷.

❷ 이 옷은 우리 몸의 땀을 잘 □□하는 장점을 가지고 있다.

낱말의 뜻 밖에 있는 것을 안으로 빨아서 거두어들임.

❸ 종이접기를 하다 보니 어릴 때의 □□이 되살아난다.

낱말의 뜻 이전의 인상이나 경험을 간직하거나 도로 생각해 냄.

어휘 적용

2 다음 글을 읽고, 빈칸에 공통으로 들어갈 낱말을 보기에서 찾아 쓰세요.

보기
안내 기억 사용 발명

• 장영실처럼 사람들의 생활을 편리하게 해 주는 물건을 (   )하고 싶다.
• 읽고 쓸 수 있는 문자가 (   )되면서 문화가 크게 발전할 수 있었다.

✎ □□

어휘 관계

3 밑줄 친 낱말과 뜻이 비슷한 것은 무엇인가요? (   )

형광 잉크는 우리 생활의 다양한 곳에서 <u>활용</u>되고 있습니다.

① 모양 ② 사용 ③ 규칙 ④ 악용

공부한 날 ______ 월 ______ 일

무지개의 색은 몇 가지일까?

과학 6-1

1문단 비가 내린 다음 빛나는 해보다 더 반가운 것이 있다면, 아마 빨주노초파남보 일곱 빛깔 무지개가 아닐까요? 무지개는 공기 중 물방울에 의해 빛이 반사되고 꺾이면서 생기는 현상입니다. 그런데 무지개를 자세히 살펴보면 정말 7가지의 색깔인지 궁금해집니다. 여러분은 무지개가 몇 가지 색을 가지고 있다고 생각하나요?

2문단 어느 날, 영국의 물리학자이자 천문학자인 뉴턴은 창문으로 들어오는 빛을 *프리즘으로 관찰하고 있었습니다. 그러던 중 빛이 여러 가지 색으로 나뉘는 것을 발견했고, 이를 관찰하며 무지개 색을 7가지로 기록했습니다. 그 당시 영국을 비롯한 유럽의 여러 나라에서는 숫자 '7'을 완전한 숫자로 생각했기 때문에, 아마 뉴턴도 그 영향을 받았을 것으로 여겨집니다.

3문단 하지만 옛날 우리나라를 비롯한 아시아 나라들은 무지개 색을 5가지로 보았습니다. *음양오행 사상에 따라 '5'라는 숫자를 중요하게 생각했기 때문입니다. 아직 우리말 중에 '알록달록 오색 무지개'라는 표현이 남아 있는 것을 보면 알 수 있습니다. 남색을 파란색의 한 종류로 보는 미국은 무지개 색을 6가지라고 말합니다. *이슬람 국가에서는 무지개를 빨강, 노랑, 초록, 파랑의 4가지 색으로 표현하고, 심지어 아프리카의 부족들은 무지개를 2~30가지의 색이라고 말합니다. 이렇게 색을 바라보는 문화에 따라 무지개 색은 다르게 표현됩니다.

4문단 물과 빛, 공기가 만들어 낸 아름다운 빛깔의 무지개. 사람이 *구분할 수 있는 무지개의 색은 100가지 이상이라고 합니다. 하지만 무지개의 색은 정확히 나누기 어려울 만큼 서로 이어져 있어 실제로는 그 수를 셀 수 없을 정도라고 합니다.

낱말 풀이
- 프리즘 빛을 꺾거나 흩어지게 할 때 사용하는 유리나 수정으로 만든 물건.
- 음양오행 사상 음과 양, 5가지 방향(동, 서, 남, 북, 중앙)을 중요하게 생각한 동양의 생각.
- 이슬람 국가 대다수의 국민이 이슬람교를 믿거나 이슬람 문화를 따르는 나라.
- 구분 일정한 기준에 따라 전체를 몇 개로 갈라 나눔.

 노트에 글의 내용을 정리하고 한 문장으로 요약해 봐!

무지개의 색은 몇 가지일까?

문단별 핵심 내용

1문단 (　　　　　　　　)가 생기는 현상

2문단 무지개 색을 (　　　)가지로 기록한 뉴턴

3문단 (　　　)을 바라보는 문화에 따라 다르게 표현된 무지개 색

4문단 실제로 정확히 셀 수 없는 (　　　　　　　　)

내용 간추리기

무지개 색

☐☐에 따라 다른 무지개 색

- 영국을 비롯한 유럽의 여러 나라: 7가지
- 우리나라를 비롯한 아시아 나라: ☐가지
- 미국: 6가지
- 이슬람 국가: 4가지
- 아프리카: 2~30가지

실제 무지개 색

- 사람이 ☐☐할 수 있는 색은 100가지 이상
- 서로 이어져 있어 그 ☐를 셀 수 없음.

한 문장 정리하기

무지개 색은 색을 바라보는 ________에 따라서 다르게 ________되지만, 실제 무지개의 색은 서로 이어져 있어 그 ____를 셀 수 없다.

문해력 완성하기

정답과 해설 | 107쪽

주제 찾기

1 이 글의 주제로 알맞은 것은 무엇인가요? (　　　　)

① 무지개와 날씨
② 무지개의 아름다움
③ 무지개 색을 처음 발견한 사람
④ 문화마다 다른 무지개 색

내용 이해

2 이 글의 내용을 바르게 말한 친구에게는 ○표, 틀리게 말한 친구에게는 X표 하세요.

다희 ▶ 무지개는 공기 중 물방울에 의해 빛이 반사되고 꺾이면서 생기는구나. (　　　　)
지남 ▶ 뉴턴의 주장 이후, 모든 나라가 무지개 색을 7가지로 표현했구나. (　　　　)
은희 ▶ 옛날 우리나라는 '5'라는 숫자를 중요하게 생각했어. (　　　　)
정석 ▶ 최선을 다한다면 무지개의 색깔을 모두 셀 수 있어. (　　　　)

내용 적용

3 다음 대화를 읽고, 빈칸에 들어갈 알맞은 숫자를 쓰세요.

준성: 저 빛나는 무지개를 좀 봐. 저 아름다움을 그림으로 표현하고 싶어.
수연: 무지개를 몇 가지 색으로 표현해야 좋을까?
준성: 우리가 가장 중요하게 생각하는 것의 수만큼 표현하면 어때?
수연: 중요한 것? 그렇다면 하늘, 땅, 사람 아니야? 그 개수만큼 표현하면 좋겠어.
준성: 마침 그 숫자는 우리가 초등학교에 입학했던 달과 같아!

수연: 그렇다면 무지개는 [　　] 가지 색으로 표현할 수 있겠어.

어휘 이해

1 낱말의 뜻을 읽고, 알맞은 낱말을 찾아 줄로 이으세요.

	뜻		낱말
❶	사물이나 현상을 주의하여 자세히 살펴봄.	㉠	구분
❷	일정한 기준에 따라 전체를 몇 개로 갈라 나눔.	㉡	관찰
❸	사회를 이루는 사람들에 의하여 익혀지고 전달되는 생활 양식.	㉢	문화

어휘 적용

2 다음 글을 읽고, 빈칸에 공통으로 들어갈 낱말을 보기에서 찾아 쓰세요.

보기

통과 성공 승리 침범

- 지난 예선 대회를 무사히 (　　　)했기 때문에 올림픽에 나갈 수 있었습니다.
- 많은 *난민들이 위험한 상황을 벗어나고자 국경선을 (　　　)하고 있습니다.

*난민 전쟁이나 재난으로 곤경에 빠진 사람들.

어휘 관계

3 밑줄 친 낱말과 뜻이 비슷한 것은 무엇인가요? (　　　)

저렇게 기분 좋은 표정을 보니 <u>아마</u> 좋은 일이 생겼나 봐.

① 설마　② 어쩌면　③ 반드시　④ 기필코

색의 평등을 이룬 염료

1856년 *말라리아 치료제를 만들기 위해 실험을 하던 윌리엄은 우연히 보랏빛의 물질을 발견하였습니다. 이 최초의 화학 염료는 아름다운 빛깔로 당시 런던과 파리에서 큰 인기를 끌었습니다. 이후 윌리엄은 시커멓고 끈적끈적한 석유 찌꺼기를 이용해 붉은색 염료도 만들어 냈습니다.

1880년 아돌프 폰 바이어 교수는 실험을 통해 남색 염료를 만들었습니다. 당시까지만 해도 남색은 식물에서만 얻을 수 있었지요. 남색 염료의 발명 덕분에 푸른색의 청바지를 많이 만들어 낼 수 있었으며, 지금까지도 남색 염료는 널리 쓰이고 있습니다.

과거에 사람들이 만들어 낸 염료는 우리에게 많은 영향을 주었습니다. 누구나 원하는 색깔의 옷을 입을 수 있는, '색의 평등'을 이루는 계기가 되었지요. 또한 동물이나 식물 등 자연에서 얻었던 천연염료를 대신하면서 동식물의 희생을 줄일 수 있었습니다. 무엇보다 염료를 만들어 내는 기술은 의학의 발전과 함께 폭약, 향수의 발명에 도움을 주었습니다.

*말라리아 열이 나며, 설사와 구토를 일으키는 균을 가진 모기에게 물려 감염되는 전염병.

Q. 사람들이 만들어 낸 염료의 영향이 아닌 것은 무엇인가요? (　　　)

① 염료를 만들어 내는 기술은 향수의 발명에 도움을 주었다.
② 말라리아 치료제를 만들 수 있게 되었다.
③ 누구나 원하는 색깔의 옷을 입을 수 있게 되었다.
④ 천연염료를 대신하며 동식물의 희생을 줄일 수 있었다.

정답 ②

3주

주제어

차별

일차	영역	공부할 내용	쪽수	공부할 날	스스로 평가
1	예술	대중 매체 속 차별 국어 5-2	54~57쪽	월 일	
2	인문	왼손잡이의 역사	58~61쪽	월 일	
3	사회	더불어 사는 사회를 위해 사회 5-1	62~65쪽	월 일	
4	기술	인공 지능이 사람을 차별한다고?	66~69쪽	월 일	
5	과학	차별을 넘어 우주로 향한 캐서린 존슨	70~73쪽	월 일	

공부한 날 ______ 월 ______ 일

대중 매체 속 차별

국어 5-2

1문단 텔레비전, 영화, 신문 등의 대중 매체는 시청자에게 큰 영향을 미칩니다. 대중 매체를 통해 다른 나라의 문화나 성별, 인종에 대한 잘못된 *묘사를 접한 시청자는 자칫 대중 매체 속 차별도 *여과 없이 그대로 학습할 위험이 있습니다.

2문단 미국의 영화 산업에는 '화이트 워싱'이라는 말이 있습니다. 원래 이 말은 '더러운 곳을 흰색으로 덧칠하거나 *결점을 숨긴다'는 뜻으로 쓰입니다. 그러나 영화 산업에서는 백인이 동양인처럼 연기하거나, 동양인의 역할을 백인으로 바꾸는 일을 뜻합니다. 1961년 영화 '티파니에서 아침을'에서 백인이 우스꽝스러운 모습을 한 일본인을 연기한 것이 대표적입니다. 그 이후로도 화이트 워싱은 계속되었으며, 이는 대중 매체 속 인종 차별 문제로 지적되어 왔습니다.

3문단 대중 매체 속 *성차별도 꾸준히 지적되고 있습니다. 뉴스 프로그램의 진행자를 나이 든 남성과 젊은 여성으로 두는 것도 대중 매체 속 성차별의 한 예로 볼 수 있습니다. 또한, 방송극에서 남성은 중요한 일을 결정하는 역할이고, 여성은 남성의 지시를 따르는 역할을 맡는 경우도 성차별의 예가 될 수 있습니다.

4문단 최근 대중 매체 속 인종, 성별, 문화와 관련된 차별과 *편견에 대한 반성의 목소리가 높아지고 있습니다. 또한 차별이 드러나는 드라마, 영화, 광고 등은 시청자의 *외면을 받고 있습니다. 이에 따라 동양인이나 흑인 등 다양한 인종을 주인공으로 한 영화들이 만들어지고, 대중 매체 속 남성과 여성의 역할도 다양하게 묘사되고 있습니다. 앞으로는 차별과 편견의 내용이 있지 않은지 철저히 확인된 대중 매체만이 살아남을 수 있을 것입니다.

낱말 풀이
- 묘사 어떤 대상이나 사물, 현상 따위를 언어로 서술하거나 그림을 그려서 표현함.
- 여과 주로 옳지 않은 것을 걸러 내는 과정을 비유적으로 이르는 말.
- 결점 잘못되거나 부족하여 완전하지 못한 점.
- 성차별 남성이나 여성이라는 이유만으로 받는 차별.
- 편견 공정하지 못하고 한쪽으로 치우친 생각.
- 외면 어떤 생각이나 이론, 현실 등을 인정하지 않고 무시함.

노트에 글의 내용을 정리하고 한 문장으로 요약해 봐!

대중 매체 속 차별

문단별 핵심 내용

1문단 (   )에게 영향을 미치는 대중 매체 속 차별

2문단 대중 매체에 나타난 (   ) 차별

3문단 (   )에 나타난 성차별

4문단 대중 매체 속 차별과 (   )에 대한 반성의 목소리가 높아지고 있음.

내용 간추리기

대중 매체 속 숨겨진 ☐☐

인종 차별	• 백인이 ☐☐☐처럼 연기 • 동양인의 역할을 백인으로 바꾸는 일
☐☐☐	• 뉴스 프로그램의 나이 든 남성과 젊은 여성 진행자 • 방송극에서 중요한 일을 결정하는 ☐☐과 남성의 지시를 따르는 여성의 역할

한 문장 정리하기

대중 매체 속 차별과 편견에 대한 반성의 목소리가 높아지고 있으므로, 앞으로는 ____________

____

주제 찾기

1 이 글에서 글쓴이가 말하고자 하는 중심 내용은 무엇인가요? ( )

① 대중 매체에는 성차별이 표현된 내용이 많다.
② 대중 매체에는 인종 차별이 표현된 내용이 많다.
③ 대중 매체는 차별과 편견의 내용이 없도록 철저히 확인되어야 한다.
④ 시청자는 대중 매체 속 내용을 그대로 받아들여야 한다.

내용 이해

2 대중 매체 속 차별에 대한 설명으로 알맞지 않은 것은 무엇인가요? ( )

① 백인이 동양인처럼 연기했다.
② 뉴스 진행자를 나이 든 남성과 젊은 여성으로 두었다.
③ 광고에서 더러운 곳을 흰색으로 색칠하는 모습이 나왔다.
④ 방송극에서 여성을 남성의 지시를 따르는 역할로 나타냈다.

내용 적용

3 다음 글을 읽고, 빈칸에 들어갈 알맞은 낱말을 쓰세요.

드라마, 영화, 예능 프로그램에서 충청도 사람은 느린 모습으로, 경상도 사람은 급한 성격으로 묘사되고, 강원도 사람은 촌스러운 모습으로 표현된 장면이 있었다.

지역마다 정해진 모습으로 사람을 묘사하는 것은 대중 매체 속 ☐☐로 볼 수 있다.

어휘 이해

1 낱말의 뜻을 읽고, 알맞은 낱말을 찾아 줄로 이으세요.

❶ 어떤 생각이나 이론, 현실 등을 인정하지 않고 무시함. • • ㉠ 결점

❷ 남성이나 여성이라는 이유만으로 받는 차별. • • ㉡ 외면

❸ 잘못되거나 부족하여 완전하지 못한 점. • • ㉢ 성차별

어휘 적용

2 다음 중 낱말을 잘못 활용한 친구의 이름을 빈칸에 쓰세요.

효연: 노인이 힘이 없다는 것은 편견에 불과해.
민준: 더 이상 아동 학대 문제를 외면해서는 안 돼.
여준: 잔인한 범죄 장면을 여과하여 방송해서 문제가 심각해.
순영: 남성의 역할과 여성의 역할이 따로 있다는 것도 성차별의 예로 볼 수 있어.

어휘 관계

3 밑줄 친 낱말과 뜻이 비슷한 것은 무엇인가요? (   )

원래 이 말은 '더러운 곳을 흰색으로 덧칠하거나 결점을 숨긴다'는 뜻으로 쓰입니다.

① 약점　② 안심　③ 걱정　④ 장점

공부한 날 ______ 월 ______ 일

왼손잡이의 역사

1문단 지금 자신의 오른손과 왼손을 살펴보세요. 양손의 모양이 조금 다르지 않나요? 오른손잡이는 오른손이, 왼손잡이는 왼손이 조금 더 굵고 굳은살도 박여 있을 것입니다. 사람들은 저마다 쓰는 손이 다르지만, 어느 손을 주로 쓰든 별로 이상하게 생각하지 않습니다.

2문단 하지만 과거에는 왼손잡이에 대한 차별이 심했습니다. 많은 사람들이 왼손을 쓰는 사람을 *불길하다고 여겼습니다. 심지어 왼손잡이를 배우지 못한 사람 또는 장애인으로 여기기도 하였습니다.

3문단 왼손잡이에 대한 차별이 사라지기 시작한 것은 *제1차 세계 대전 이후였습니다. 전쟁에서 오른팔과 오른손을 잃은 사람들은 왼팔과 왼손으로 생활해야 했습니다. 처음에는 많이 어색하고 불편했지만, 곧 왼손을 오른손처럼 능숙하게 사용할 수 있게 되었습니다. 이때부터 사람들은 왼손이 오른손에 비해 부족한 손이 아니라는 사실을 받아들이기 시작했습니다.

4문단 그렇다고 해서 왼손잡이에 대한 차별이 완전히 없어진 것은 아니었습니다. 왼손잡이들은 자신들도 충분히 훌륭한 글을 쓸 수 있고, 아름다운 연주를 할 수 있으며, *세밀한 것을 표현할 수 있음을 계속해서 보여 주었습니다. 과학자들도 왼손잡이가 *열등하지 않음을 *증명해 보였습니다. 이러한 노력으로 왼손잡이에 대한 차별이 점차 사라졌습니다.

5문단 하지만 왼손잡이에 대한 차별은 아직도 남아 있습니다. 왼손잡이를 신기한 듯 바라보는 사람들이 여전히 있으며, 많은 시설물과 물건이 오른손잡이 기준으로 *설계되어 왼손잡이가 사용하기에는 불편합니다. 왼손잡이에 대한 차별을 없애기 위해서는 우리 모두의 노력이 필요합니다.

낱말 풀이

- 불길하다 운수 따위가 좋지 아니하다.
- 제1차 세계 대전 1914년부터 4년간 계속된 세계적 규모의 전쟁.
- 세밀하다 자세하고 꼼꼼하다.
- 열등하다 보통의 수준이나 등급보다 낮다.
- 증명하다 어떤 사항이나 판단에 대하여 그것이 진실인지 아닌지 근거를 들어서 밝히다.
- 설계 건설, 공사 등에 관하여 자세하게 그림과 설명으로 나타낸 계획.

 노트에 글의 내용을 정리하고 한 문장으로 요약해 봐!

왼손잡이의 역사

문단별 핵심 내용

1문단 사람마다 주로 쓰는 손이 다름.

2문단 과거에는 (   )에 대한 차별이 심했음.

3문단 제1차 (   ) 대전 이후 왼손잡이에 대한 차별이 사라지기 시작함.

4문단 여러 노력으로 왼손잡이에 대한 (   )이 점차 사라짐.

5문단 아직 남아 있는 차별을 없애기 위해 모두의 (   )이 필요함.

내용 간추리기

왼손잡이에 대한 사람들의 생각

□□	• □□하다고 여김. • 배우지 못한 사람 또는 장애인이라고 여기기도 함.
제1차 세계 대전 이후	• 왼손이 오른손에 비해 □□□ 손이 아니라는 것을 받아들이기 시작함.
최근	• 왼손잡이에 대한 □□이 아직 남아 있음.

한 문장 정리하기

과거에 비해 왼손잡이에 대한 차별이 많이 사라졌지만, ______________________________

____

3주

주제 찾기

1 이 글을 학급 신문에 소개할 때 제목으로 가장 알맞은 것은 무엇인가요? (   )

① 오른손보다 나은 왼손
② 왼손잡이의 편리한 점
③ 왼손잡이에 대한 생각의 변화
④ 왼손잡이에 대한 차별이 없어진 이유

내용 이해

2 다음 보기 의 내용을 뒷받침하기에 알맞은 자료는 무엇인가요? (   )

보기
많은 시설물과 물건이 오른손잡이 기준으로 설계되어 왼손잡이가 사용하기에는 불편합니다.

①

②
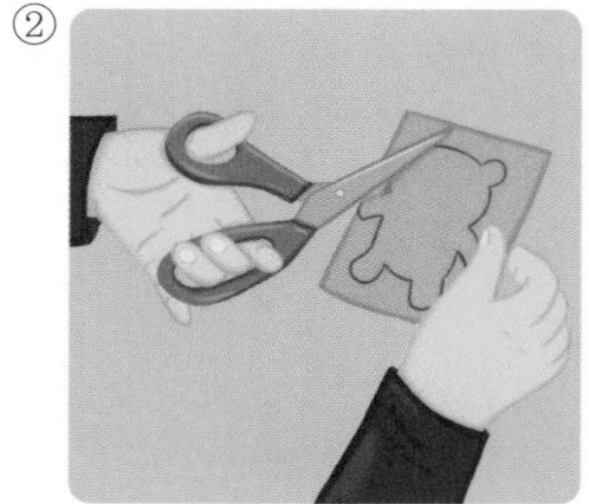

③

내용 적용

3 다음은 노래의 가사 중 일부입니다. 노래 가사를 읽고, 빈칸에 알맞은 낱말을 쓰세요.

나 같은 아이 한둘이 어지럽힌다고
모두 다 똑같은 손을 들어야 한다고
그런 눈으로 욕하지 마
난 아무것도 망치지 않아
난 왼손잡이야

– 패닉, 왼손잡이 –

노랫말에 나오는 것처럼 왼손잡이는 아무것도 망치지 않습니다.
☐☐☐☐를 차별하지 말아 주세요.

어휘 이해

1 밑줄 친 낱말의 뜻으로 알맞은 것을 찾아 줄로 이으세요.

❶ 왼손잡이가 오른손잡이보다 열등하다고 생각하던 때가 있었다. •	• ㉠	운수 따위가 좋지 아니하다.
❷ 옛날부터 사람들은 까마귀 울음소리를 불길하다고 생각했다. •	• ㉡	보통의 수준이나 등급보다 낮다.
❸ 이 건물은 지진을 견딜 수 있도록 설계되었다. •	• ㉢	건설, 공사 등에 관하여 자세하게 그림과 설명으로 나타낸 계획.

어휘 적용

2 다음 중 밑줄 친 낱말의 쓰임이 잘못된 것은 무엇인가요? ( )

① 조선 시대에는 남자와 여자를 차별했다.
② 그 목수는 솜씨가 좋아 아주 서툴게 책상을 완성했다.
③ 처음 전학 온 날에는 교실의 모든 것이 어색했다.
④ 지민이는 꽃을 세밀하게 표현하여 멋진 그림을 완성했다.

어휘 관계

3 밑줄 친 낱말과 뜻이 비슷한 것은 무엇인가요? ( )

주변의 소외된 이웃에게 먼저 손을 내밀어 줍시다.

① 노력 ② 칭찬 ③ 도움 ④ 일손

더불어 사는 사회를 위해

사회 5-1

1문단 우리나라에서는 장애인 차별을 법으로 금지하여 신체적, 정신적으로 장애를 가지고 있더라도 차별받지 못하도록 보호하고 있습니다. 그러나 아직도 우리 주위에는 생각지도 못한 곳에서 장애인들이 불편과 차별을 겪고 있습니다.

2문단 지하철역 화장실을 예로 들어 볼까요? 대부분의 화장실은 남성용과 여성용으로 구분되어 있습니다. 그런데 장애인 화장실은 남녀의 구분 없이 만들어진 경우가 많습니다. 그래서 남성 장애인과 여성 장애인이 화장실을 함께 이용해야 하는 불편한 상황이 종종 *발생합니다.

3문단 또한 대중교통도 장애인이 이용하기 불편합니다. 우리나라에는 휠체어를 탄 사람과 같은 교통 약자를 위해 저상 버스가 다닙니다. 저상 버스 출입구에는 휠체어가 오르내릴 수 있는 경사판이 있습니다. 하지만 경사판이 고장 나도 그대로 *방치하거나 운전기사들이 경사판을 사용하는 방법을 잘 모르는 경우도 있어 교통 약자들이 불편을 겪기도 합니다. 또한 지하철역에 설치된 계단을 오르내리는 리프트를 이용하기가 불편하여 교통 약자들이 다치는 사고도 매년 발생하고 있습니다.

4문단 공연장이나 영화관 같은 관람 시설에서도 불편을 겪는 상황이 발생합니다. 시각 장애인을 위한 *점자 안내판이나 *음성 안내 시설이 부족하기 때문입니다. 장애인이 문화 활동에 참여할 수 있도록 *편의를 제공해야 하지만 아직은 편의 시설이 많이 부족한 상황입니다. 우리 주변에서 장애인의 불편을 발견하고 개선하려고 애쓸수록 우리 사회는 더욱 살기 좋은 아름다운 세상이 될 것입니다.

낱말 풀이

- 발생하다 어떤 일이나 사물이 생겨나다.
- 방치하다 내버려 두다.
- 점자 손가락으로 더듬어 읽도록 만든 시각 장애인을 위한 문자.
- 음성 사람의 목소리나 말소리.
- 편의 형편이나 조건 따위가 편하고 좋음.

 노트에 글의 내용을 정리하고 한 문장으로 요약해 봐!

더불어 사는 사회를 위해

문단별 핵심 내용

1문단 생각지도 못한 곳에서 불편과 차별을 겪는 (　　　　　　　)

2문단 지하철역 (　　　　　　　)을 이용할 때 느끼는 불편함.

3문단 (　　　　　　　)을 이용할 때 느끼는 불편함.

4문단 관람 시설을 이용할 때 느끼는 (　　　　　　　).

3주

내용 간추리기

장애인들이 불편을 겪는 곳	불편과 차별의 예
지하철역 화장실	• □□의 구분이 없음.
대중교통	• 저상 버스의 □□□ 이용이 불편함. • 지하철역 리프트를 이용하다가 사고가 발생함.
□□ 시설	• 점자 □□□이 부족함. • □□ 안내 시설이 부족함.

한 문장 정리하기

생각지도 못한 곳에서 불편과 차별을 겪는 장애인들을 위해, ______________________

____

____

주제 찾기

1 이 글에서 글쓴이가 말하고자 하는 중심 내용은 무엇인가요? (　　　　)

① 장애인에 대한 차별이 많이 줄어들었다.
② 장애인이 불편을 겪는 곳을 개선해야 한다.
③ 장애인이 이용하는 시설을 더 많이 늘려야 한다.
④ 대중교통을 많이 이용해 에너지를 절약해야 한다.

내용 이해

2 이 글의 내용을 바르게 이해하지 못한 사람은 누구인가요? (　　　　)

① 희준: 우리나라는 법으로 장애인 차별을 금지하고 있어.
② 정은: 휠체어를 탄 장애인은 대중교통을 이용할 때 불편함을 느껴.
③ 수진: 시각 장애인을 위한 점자 안내판이 없는 관람 시설이 있어.
④ 다희: 지하철역 리프트에서 사고가 자주 나니까 리프트를 없애야 해.

내용 추론

3 다음 글을 읽고, 친구들이 나눈 대화입니다. 빈칸에 공통으로 들어갈 낱말을 쓰세요.

최근 박물관에서 시각 장애인을 위해 특별한 문화재 전시회를 열었다. 이 전시회에서는 문화재를 관람하기 어려운 시각 장애인을 위해 모형으로 만든 문화재를 준비하였다. 시각 장애인이 문화재를 직접 손으로 만지고 느끼면서 관람할 수 있도록 한 것이다.

민영: 이제 시각 장애인도 (　　　　)을 겪지 않고 문화재를 관람할 수 있어.
지영: 맞아, 이러한 전시회가 많이 열린다면 장애인들도 (　　　　)하지 않게 문화생활을 할 수 있을 거야.

어휘 이해

1 낱말의 뜻을 읽고, 알맞은 낱말을 찾아 줄로 이으세요.

❶ 사람의 목소리나 말소리. •	• ㉠	편의
❷ 손가락으로 더듬어 읽도록 만든 시각 장애인을 위한 문자. •	• ㉡	점자
❸ 형편이나 조건 따위가 편하고 좋음. •	• ㉢	음성

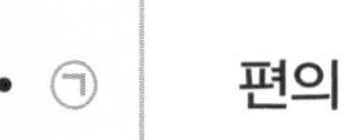

어휘 적용

2 다음 글의 빈칸에 들어갈 낱말로 바르게 짝지어진 것은 무엇인가요? (　　　　)

• 오늘 회전목마에 문제가 생겨 이용이 어렵습니다. 2시간 내로 (　　　　)하겠습니다.
• 화살표 방향으로 돌아가면 음식점, 화장실 등 다양한 (　　　　) 시설이 있습니다.

① 개선 – 불편　② 개선 – 편의　③ 금지 – 개선　④ 사용 – 편의

어휘 관계

3 다음 보기 의 두 낱말의 관계와 비슷한 것은 무엇인가요? (　　　　)

보기
남성 – 여성

① 소망 – 소원　② 낮 – 얼굴　③ 겉 – 속　④ 과일 – 포도

공부한 날 ______ 월 ______ 일

인공 지능이 사람을 차별한다고?

1문단 최고의 실력을 갖춘 바둑 기사와 인공 지능 프로그램 '알파고'의 바둑 대결은 세계를 깜짝 놀라게 했습니다. 수많은 바둑 *전략을 학습한 알파고를 사람이 이기기 쉽지 않았기 때문입니다. 인공 지능은 컴퓨터가 인간처럼 생각하고 학습하여 스스로 행동하도록 만들어진 기술입니다.

2문단 인공 지능 기술은 빠르게 발전하고 있으며, 이미 많은 곳에서 사용되고 있습니다. 예를 들어 인터넷을 사용하는 사람이 자주 보는 영상과 비슷한 영상을 추천해 주거나, 메시지를 작성할 때 *적절한 낱말과 표현을 추천하는 것이 일상에서 자주 사용되는 인공 지능 기술입니다. 우리의 삶을 더욱 편리하게 만들 수 있다는 희망과 함께 인공 지능 기술에 대한 연구는 지금도 활발하게 이루어지고 있습니다.

3문단 하지만 인공 지능이 차별과 편견을 학습하는 것에 대한 *우려의 목소리도 나오고 있습니다. 인공 지능 기술이 활용된 '얼굴 *인식 프로그램' 중 일부는 백인 남성은 잘 구별하지만 아시아인, 아프리카인과 같은 *특정 인종이나 여성은 잘 구별하지 못한다고 합니다. 이는 인공 지능이 백인 남성의 정보만 주로 학습했기 때문입니다. 심지어 이 프로그램은 백인이 아닌 다른 인종이나 여성을 공항에서 범죄를 일으킬 수 있는 사람으로 보거나, 회사의 직원을 뽑는 과정에서 제외하기도 했습니다.

4문단 인공 지능의 이러한 문제는 사람의 *지속적인 노력으로 해결할 수 있습니다. 인공 지능이 잘못된 판단을 내릴 경우, 인공 지능이 학습한 데이터와 *알고리즘을 고치는 것입니다. 그리고 그보다 먼저 차별과 편견을 갖지 않는 사회를 만들어야 할 것입니다.

낱말 풀이
- 전략 전쟁 또는 전투 상황에 대처하기 위한 기술과 방법.
- 적절한 (무엇을 하기에) 꼭 알맞은.
- 우려 근심하거나 걱정함. 또는 그 근심과 걱정.
- 인식 어떤 대상이나 사물을 구별하고 판단하여 앎.
- 특정 특별히 지정함.
- 지속적 어떤 상태가 오래 계속되는 것.
- 알고리즘 어떤 문제를 해결하기 위하여 필요한 방법이나 컴퓨터 명령어를 모아 놓은 것.

 노트에 글의 내용을 정리하고 한 문장으로 요약해 봐!

인공 지능이 사람을 차별한다고?

문단별 핵심 내용

1문단 인간처럼 학습하고 (   )하도록 만들어진 인공 지능 기술

2문단 빠르게 발전하며 많은 곳에서 사용되는 (   ) 기술

3문단 (   )과 편견을 학습하는 인공 지능에 대한 우려의 목소리

4문단 사람들의 (   )으로 해결할 수 있는 인공 지능의 문제

내용 간추리기

인공 지능 기술

문제점

- 차별과 편견의 학습

  예 특정 인종이나 ☐☐은 잘 구별하지 못함.

  예 특정 인종과 여성을 ☐☐를 일으킬 수 있는 사람으로 보거나 직원을 뽑는 과정에서 제외함.

해결 방법

- 데이터와 ☐☐☐☐ 고치기
- 차별과 편견을 갖지 않는 ☐☐ 만들기

한 문장 정리하기

인공 지능이 차별과 편견을 학습하면서 생기는 문제를 해결하기 위해 데이터와 알고리즘을 고치고 ____

3주

주제 찾기

1 이 글의 주제로 알맞은 것은 무엇인가요? (　　　　)

① 백인의 얼굴이 비슷하게 보이는 이유
② 얼굴 인식 프로그램의 발명
③ 인공 지능 기술의 문제점과 해결 방법
④ 남성 얼굴과 여성 얼굴의 차이점

내용 이해

2 이 글의 내용을 바르게 이해하지 못한 사람은 누구인가요? (　　　　)

① 은영: 인공 지능 기술은 빠르게 발전하고 있어.
② 주희: 인공 지능이 잘못된 판단을 내리면 인공 지능의 데이터를 고쳐야 해.
③ 지영: 차별과 편견 없는 사회를 만들어 가는 것도 중요해.
④ 유정: 공항에서 범죄자를 찾아내는 인공 지능 프로그램은 필요 없어.

내용 추론

3 다음 글을 읽고, 빈칸에 들어갈 알맞은 낱말을 쓰세요.

공항을 이용하던 고객이 억울하게 범죄자로 인식되어 불편을 겪는 일이 일어났습니다. 이 공항은 올해 초부터 인공 지능 기술이 활용된 얼굴 인식 프로그램을 사용했는데요. 고객의 얼굴을 범죄자의 얼굴로 인식하는 바람에 경찰이 출동하는 소동이 벌어졌습니다. 해당 고객은 아프리카 출신의 남성이었습니다. 이에 대해 인공 지능이 인종 차별을 (　　　　)한 것이 아닌지 우려의 목소리가 나오고 있습니다.

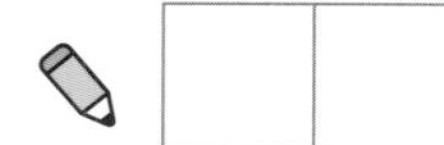

어휘 이해

1 낱말의 뜻을 읽고, 문장의 빈칸에 들어갈 낱말을 보기에서 찾아 쓰세요.

보기 인 우 기 식 려 술

① 비가 매우 많이 오자 사람들은 산사태를 [ ][ ]했다.

낱말의 뜻 근심하거나 걱정함. 또는 그 근심과 걱정.

② 학생들은 이번 투표 결과가 공정하다고 [ ][ ]했다.

낱말의 뜻 어떤 대상이나 사물을 구별하고 판단하여 앎.

③ 이 스마트폰은 특별한 [ ][ ]로 만들어진 신제품이다.

낱말의 뜻 과학 이론을 사용하여 사물을 인간 생활에 쓸모 있도록 만드는 수단이나 방법.

어휘 적용

2 다음 글을 읽고, 빈칸에 공통으로 들어갈 낱말을 보기에서 찾아 쓰세요.

보기

판단 생각 학습 인식

- 엄마가 어떤 선물을 좋아하실지 ( )이 서질 않는다.
- 여러 조사를 통해 제품에 문제가 있는지 없는지를 정확하게 ( )해야 한다.

[ ][ ]

어휘 관계

3 밑줄 친 낱말과 뜻이 반대인 것은 무엇인가요? ( )

인공 지능 기술은 빠르게 발전하고 있으며, <u>이미</u> 많은 곳에서 사용되고 있습니다.

① 벌써 ② 아직 ③ 미리 ④ 앞서

차별을 넘어 우주로 향한 캐서린 존슨

1문단 1918년 흑인 가정에서 태어난 캐서린 존슨은 또래 아이들과 달리 숫자의 매력에 빠진 아이였습니다. 그 당시 미국에서 흑인들은 중학교까지만 겨우 다닐 정도로 교육 환경이 좋지 않았지만, 캐서린은 열네 살에 고등학교를 졸업하고, 열여덟 살에는 대학까지 졸업했습니다. 수학 실력이 매우 뛰어났기 때문입니다. 남다른 수학 실력을 가진 캐서린은 수학자가 되어 우주 개발에 *참여하고 싶다는 꿈을 가졌습니다.

2문단 시간이 흘러 캐서린은 *나카(NACA)에 합격했습니다. 하지만 단순한 계산을 담당하는 일에 실망했습니다. 또한, 흑인이 쓸 수 있는 화장실은 일하는 곳에서 800m나 떨어져 있었고, 커피를 끓이는 주전자도 백인과 같이 쓸 수 없었습니다. 심지어 백인들은 캐서린과 같이 계산을 하는 사람들을 '치마 입은 컴퓨터'라고 놀리며 차별했습니다. 뛰어난 실력에도 불구하고, 캐서린은 '여자이자 흑인'이라는 이유로 차별을 받을 수밖에 없었습니다.

3문단 그 당시 미국은 우주 비행에 필요한 계산을 하는 과정에서 어려움을 겪고 있었습니다. 어떤 사람도 계산을 해내지 못할 정도였지요. 하지만 캐서린은 누구도 생각하지 못한 새로운 방법으로 문제를 해결했습니다. 그 덕에 미국은 인류 최초로 달에 착륙하는 우주 비행에 성공할 수 있었습니다. 누구보다 뛰어나고 정확한 계산 실력을 가졌던 캐서린은 미국의 우주 개발에 큰 역할을 해낸 것이었습니다.

4문단 2018년 나사(NASA)는 캐서린의 업적을 *기려 '캐서린 존슨 계산 연구소'를 *설립하였습니다. 지금은 인종과 성별을 넘어 누구나 자신의 꿈을 펼치는 세상입니다. 이것은 차별과 무시를 *극복하고 자신의 가치를 드러내기 위해 노력한 캐서린 존슨의 업적 덕분이 아닐까요?

낱말 풀이
참여 어떤 일에 끼어들어 관계함.
나카(NACA) 미국의 우주 분야를 책임지던 기관. 현재는 미국 항공 우주국(NASA).
기리다 뛰어난 일이나 바람직한 정신, 위대한 사람을 칭찬하고 기억하다.
설립 기관이나 단체 따위를 만들어 일으킴.
극복 나쁜 조건이나 고생을 이겨 냄.

노트에 글의 내용을 정리하고 한 문장으로 요약해 봐!

차별을 넘어 우주로 향한 캐서린 존슨

문단별 핵심 내용

1문단 (   )이 뛰어났던 캐서린 존슨

2문단 여자이자 (   )이라는 이유로 차별받은 캐서린 존슨

3문단 미국의 (   ) 개발에 큰 역할을 해낸 캐서린 존슨

4문단 캐서린 존슨의 (   )을 기려 설립된 '캐서린 존슨 계산 연구소'

내용 간추리기

캐서린 존슨

어린 시절	• ☐☐ 실력이 뛰어남. • ☐☐ ☐☐에 참여하고 싶다는 ☐을 가짐.
나카에서 일하던 시절	• 여자이자 흑인이라는 이유로 ☐☐을 받음. • 새로운 ☐☐으로 미국이 겪고 있던 문제를 해결함. • 미국의 우주 개발에 큰 ☐☐을 해냄.

한 문장 정리하기

캐서린 존슨은 여자이자 흑인이라는 이유로 차별을 받았지만 이를 극복하고, ____________

____

____

3주

주제 찾기

1 이 글에서 글쓴이가 말하고자 하는 중심 내용은 무엇인가요? ( )

① 우주 여행의 어려움
② 아름다운 우주의 소중함
③ 차별을 극복하고 꿈을 이룬 사람
④ 어려운 수학 문제를 풀어야 하는 이유

내용 이해

2 다음 중 이 글의 내용으로 바르지 않은 것은 무엇인가요? ( )

① 캐서린은 '치마 입은 컴퓨터'라는 말을 들었다.
② 캐서린은 다른 흑인들처럼 대학까지 졸업했다.
③ 캐서린은 어린 시절부터 숫자를 좋아했다.
④ 캐서린 덕분에 미국은 인류 최초로 달에 착륙할 수 있었다.

내용 추론

3 다음 글을 읽고, 캐서린 존슨과 비슷한 삶의 태도를 지닌 사람은 누구인지 빈칸에 들어갈 알맞은 이름을 쓰세요.

장영실: 나는 뛰어난 재주 덕분에 궁궐에서 일했지만, 원래 노비였기 때문에 궁궐 사람들에게 무시당했어. 하지만 끊임없는 연구로 해시계와 같은 발명품들을 만들었어.

유관순: 나는 만세 운동으로 일본 헌병들에게 붙잡혔어. 감옥 생활과 모진 고문에도 우리나라의 독립을 외쳤지. 나라를 위해서라면 언제든 용기 있는 행동을 할 수 있어.

캐서린 존슨과 비슷한 삶의 태도를 지닌 사람은 ☐☐☐ 입니다. 왜냐하면 차별을 받았지만, 포기하지 않고 노력해서 자신의 가치를 보여 주었기 때문입니다.

어휘 이해

1 낱말의 뜻을 읽고, 알맞은 낱말을 찾아 줄로 이으세요.

❶ 어떤 일에 끼어들어 관계함. • • ㉠ 참여

❷ 기관이나 단체 따위를 만들어 일으킴. • • ㉡ 극복

❸ 나쁜 조건이나 고생을 이겨 냄. • • ㉢ 설립

어휘 적용

2 다음 글을 읽고, 빈칸에 들어갈 알맞은 낱말을 보기에서 찾아 쓰세요.

보기			
노력	성공	연습	희생

캐서린 존슨의 이야기를 읽고 '하늘은 스스로 돕는 자를 돕는다'라는 속담이 생각났어. 비록 캐서린이 여성이자 흑인이라는 이유로 차별받았지만, 자신의 가치를 믿고 포기하지 않았던 점이 감명 깊어. 나도 캐서린처럼 힘든 일이 있더라도 (   )하는 사람이 될 거야.

어휘 관계

3 밑줄 친 낱말과 뜻이 비슷한 것은 무엇인가요? (   )

우리 학교는 <u>설립</u>된 지 벌써 100년이 지났습니다.

① 파괴 ② 합격 ③ 창립 ④ 졸업

먼지 차별, 들어 보았나요?

“박사님, 정말 영어를 잘하시네요!”

“고마워. 난 미국에서 태어났으니까 영어를 잘하는 것은 당연하지.”

데럴드 교수는 미국에서 태어난 아시아계 미국인입니다. 그는 종종 학생들에게 영어를 정말 잘한다는 칭찬을 듣는다고 합니다.

교수는 이렇게 말합니다.

“그 사람은 칭찬이라고 생각하며 한 말이겠지요. 하지만 그 말에 숨겨진 의미는 제가 진짜 미국인이 아니라는 차별의 의미가 담겨 있을 수도 있어요.”

일상에서 자주 경험하지만 사소한 말이나 행동이라 알아차리기 힘든 차별을 ‘먼지 차별’이라고 합니다. 사소하게 보이는 먼지 차별은 당하는 사람에게는 상처가 될 수 있습니다.

“나 완전 결정 장애잖아.”

우리는 누군가에게 무심코 이러한 말을 건넬 수도 있습니다. 왜냐하면 무언가를 결정하기에 어려움을 겪는 상태를 표현한 말일 수도 있으니까요. 그러나 이러한 태도를 ‘장애’라는 말로 표현하는 것은 실제로 장애를 가진 사람들의 어려움을 ‘무언가를 할 수 없는 상태’로 빗대어 나타내는 차별의 의미일 수 있습니다.

Q. 먼지처럼 눈에 잘 보이지 않는 사소한 표현이나 행동일 수 있지만, 당하는 사람에게는 상처가 될 수 있는 차별을 무엇이라고 하나요?

✎ □□ □□

정답 먼지 차별

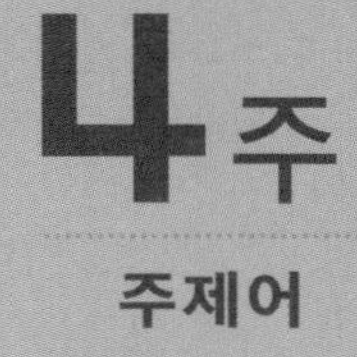

차가움과 뜨거움

일차	영역	공부할 내용	쪽수	공부할 날	스스로 평가
1	예술	행복을 바라는 소망, 세계 불 축제 미술 4-1	76~79쪽	월 일	
2	인문	세종 대왕의 비밀 프로젝트 사회 5-2	80~83쪽	월 일	
3	사회	노인을 바라보는 따뜻한 시선 사회 4-2	84~87쪽	월 일	
4	융합	더위를 식히고 환경도 지키는 녹색 커튼	88~91쪽	월 일	
5	과학	같은 기온인데 왜 다르게 느껴질까? 과학 5-1	92~95쪽	월 일	

공부한 날 ______ 월 ______ 일

행복을 바라는 소망, 세계 불 축제

미술 4-1

1문단 오래전부터 사람들은 불을 귀하게 여겼으며, 행복을 바라는 소망을 담아 불과 관련된 축제를 열었습니다. 불 축제에서 사람들은 등불을 밝히거나 불로 무언가를 태웠습니다. 이를 통해 어둠을 이겨 내고, 나쁜 것을 *살라 버리며 행복하기를 바라는 사람들의 작은 소망이었습니다.

2문단 10~11월에 열리는 '디왈리'는 집집마다 등불을 밝혀 신에게 감사의 기도를 올리는 인도의 힌두교 전통 축제입니다. 힌두교에서 어둠은 '악'을, 빛은 '선'을 상징합니다. 그래서 디왈리가 열리는 동안, 사람들은 불을 밝힘으로써 선이 승리한다는 것을 떠올립니다. 디왈리는 산스크리트어로 '빛줄기' 혹은 '빛의 행진'을 뜻합니다. 그만큼 집과 마을 곳곳은 사람들이 밝힌 등불과 촛불로 가득하며, 하늘에 터지는 불꽃으로 빛의 세상을 이룹니다.

3문단 스페인에서는 매해 3월 봄맞이를 축하하는 '라스파야스' 축제가 열립니다. 이때 사람들은 불꽃을 터뜨리고 전통 의상을 입은 채 행진을 하며 축제를 즐깁니다. 축제의 마지막 날에는 종이나 나무로 만든 '파야'라는 인형을 불태우면서 나쁜 기운이 없어지기를 바랍니다.

4문단 우리나라는 음력 1월 15일, 정월 대보름에 달집태우기를 하여 *액을 쫓고 복을 빕니다. 달이 떠오르면 사람들은 나뭇가지와 *짚단으로 만들어 둔 달집에 불을 붙이고 흥겹게 그 주위를 돕니다. 이렇게 하면 한 해 동안 *부스럼이 나지 않고, 더운 여름도 잘 지낼 수 있다고 믿었습니다. 또 달집이 활활 타올라야 그해에 *풍년이 들고 마을이 *태평하다고 생각했습니다.

▲ 달집태우기

낱말 풀이

사르다 불에 태워 없애다. 또는 어떤 것을 남김없이 없애 버리다.
액 모질고 사나운 운수.
짚단 볏짚을 묶은 단.
부스럼 피부에 나는 염증을 통틀어 이르는 말.
풍년 곡식이 잘 자라고 여물어 거두어들인 농작물이 많은 해.
태평 마음에 아무 근심 걱정이 없음.

 노트에 글의 내용을 정리하고 한 문장으로 요약해 봐!

행복을 바라는 소망, 세계 불 축제

문단별 핵심 내용

1문단 행복을 바라는 (   )이 담긴 세계 불 축제

2문단 등불을 밝혀 감사 기도를 올리는 인도의 전통 축제, (   )

3문단 봄맞이를 축하하며 (   )을 불태우는 스페인 축제, 라스파야스

4문단 (   )을 태워 액을 쫓고 복을 비는 우리나라의 정월 대보름

내용 간추리기

세계의 불 축제

☐☐ '디왈리'	• 축제 시기: 10~11월 • ☐☐과 촛불로 집과 마을을 밝힘. • 하늘에 ☐☐을 터뜨림.
☐☐☐ '라스파야스'	• 축제 시기: 매해 3월 • 불꽃을 터뜨리고 전통 의상을 입은 채 행진함. • '파야'라는 인형을 불태워 나쁜 기운을 없앰.
우리나라 '정월 대보름'	• 축제 시기: 음력 1월 15일 • 달집태우기로 ☐을 쫓고 ☐을 빎.

4주

한 문장 정리하기

세계 여러 나라 사람들은 ______________________________

____

주제 찾기

1 이 글의 주제로 알맞은 것은 무엇인가요? ( )

① 불의 필요성
② 인도의 디왈리 축제
③ 행복을 바라는 세계 불 축제
④ 라스파야스 축제에서 인형의 역할

내용 이해

2 다음 중 이 글의 내용으로 알맞은 것은 무엇인가요? ( )

① 디왈리는 스페인의 축제이다.
② 라스파야스는 '빛의 행진'을 뜻한다.
③ 디왈리에서는 종이 인형을 태운다.
④ 정월 대보름에는 달집태우기를 하며 복을 빈다.

내용 적용

3 다음 글을 읽고, 빈칸에 들어갈 알맞은 낱말을 쓰세요.

매년 12월 7일, 과테말라에서 '퀘마 델 디아블로' 축제가 열립니다. 이날은 악마를 쫓아내는 날이라고 합니다. 그래서 과테말라 사람들은 크리스마스가 오기 전, 악마의 모습을 한 인형을 불에 태웁니다. 이렇게 하면 악마를 쫓아내고 사람의 영혼이 맑아질 수 있다고 믿기 때문입니다.

과테말라의 축제에서는 인형을 [ ]로 태우며 사람의 영혼이 맑아지기를 바란다.

어휘력 완성하기

정답과 해설 | 113쪽

어휘 이해

1 낱말의 뜻을 읽고, 문장의 빈칸에 들어갈 낱말을 보기 에서 찾아 쓰세요.

보기 태 풍 평 부 년 스 럼

① 올해는 [ ][ ]이 들어서 농작물을 많이 거두어들였다.

낱말의 뜻 곡식이 잘 자라고 여물어 거두어들인 농작물이 많은 해.

② 내 동생은 언제 보아도 늘 마음에 아무 걱정 없이 [ ][ ]이다.

낱말의 뜻 마음에 아무 근심 걱정이 없음.

③ 상처를 자꾸 긁으면 [ ][ ][ ]이 나니 긁지 마라.

낱말의 뜻 피부에 나는 염증을 통틀어 이르는 말.

어휘 적용

2 다음 글을 읽고, 빈칸에 공통으로 들어갈 낱말을 보기 에서 찾아 쓰세요.

보기
태평 소망 행진 행복

- 사람들은 등불을 밝히며 저마다의 (　　　)을 담았습니다.
- 멀리 떨어져 지내던 친구를 만나고 싶다는 (　　　)이 이루어졌습니다.

[ ][ ]

어휘 관계

3 밑줄 친 낱말과 뜻이 반대인 것은 무엇인가요? (　　　)

우리나라는 정월 대보름에 달집태우기를 하며 <u>복</u>을 빌었다.

① 액 ② 달 ③ 소원 ④ 나라

4주

세종 대왕의 비밀 프로젝트

사회 5-2

1문단 조선 시대의 백성들은 해나 달이 갑자기 사라져 버리는 일식이나 월식을 하늘에서 내리는 벌이라고 생각했습니다. 임금의 잘못으로 내려진 벌이라 여긴 백성들은 불안에 떨었고 *민심이 크게 흔들렸습니다. 이를 해결하기 위해 임금은 하늘에서 나타나는 현상을 백성들에게 미리 알려야 했습니다.

2문단 하지만 조선 시대에는 일식 *예보가 정확하지 않았습니다. 예보에서 일식이 일어날 것으로 예상한 시각과 실제 일식이 일어난 시각 사이에 차이가 있었습니다. 정확하지 않은 일식 예보를 한 관리는 책임을 지고 벌을 받아야 했습니다. 몇몇 사람들은 예보가 맞지 않는 이유를 왕 때문이라고 생각하기도 했습니다.

3문단 하지만 세종 대왕의 생각은 달랐습니다. 세종 대왕은 예보에 *오차가 생긴 이유를 *역법에서 찾았습니다. 조선은 명나라의 역법을 빌려 쓰고 있었습니다. 하지만 조선의 수도인 한양과 명나라의 수도인 북경의 위치가 달라 일식이 나타나는 시기가 다를 수밖에 없습니다. 세종 대왕은 조선만의 역법이 필요하다고 생각했습니다.

4문단 그러나 조선만의 역법을 만들기는 쉽지 않았습니다. 역법은 *천문학을 알아야 만들 수 있는데, 당시 명나라는 다른 나라에서 천문학을 연구하는 것을 엄격히 금지했습니다. 명나라가 아닌 다른 나라의 사람이 천문학을 연구하면 벌을 받기도 했습니다.

5문단 하지만 누구도 세종 대왕의 열정을 꺾을 수는 없었습니다. 세종 대왕은 명나라의 눈을 피해 천문학을 연구할 학자들을 모았습니다. 그리고 연구에 노력을 기울인 끝에 조선의 역법서인 『칠정산』을 완성했으며, 이후 조선은 일식을 정확하게 *예측할 수 있었습니다. 또한, *절기의 길이 등을 정확하게 예측하여 백성들이 농사를 짓는 데 도움을 주었습니다.

낱말 풀이

- 민심 백성의 마음.
- 예보 앞으로 일어날 일을 미리 알림.
- 오차 실지로 셈하거나 잰 값과 이론적으로 정확한 값과의 차이.
- 역법 태양, 달과 같이 우주에 있는 물체의 움직임과 위치를 살피고 짐작하는 방법.
- 천문학 우주에 관한 온갖 사실을 연구하는 학문.
- 예측 미리 헤아려 짐작함.
- 절기 한 해를 스물넷으로 나눈, 계절의 표준이 되는 것.

노트에 글의 내용을 정리하고 한 문장으로 요약해 봐!

세종 대왕의 비밀 프로젝트

문단별 핵심 내용

1문단 일식이나 월식을 하늘에서 내리는 (　　　)로 여겼던 조선 시대

2문단 일식 예보가 정확하지 않았던 (　　　　　　　　　)

3문단 조선만의 (　　　　　)이 필요하다고 생각한 세종 대왕

4문단 (　　　　　　　　)로 인해 역법을 만들기 어려웠던 조선

5문단 (　　　　　　　　　　)의 열정과 학자들의 연구로 완성된 『칠정산』

내용 간추리기

조선의 일식 예보 오차를 역법에서 찾은 세종 대왕

↓

조선만의 역법서 『□□□』 완성

이전
- □□□의 역법을 빌려 씀.
- 일식 예보가 정확하지 않음.

이후
- □□을 정확하게 예측함.
- 절기의 길이를 정확하게 예측함.

한 문장 정리하기

세종 대왕은 ____________________

____

4주

주제 찾기

1 **이 글에서 글쓴이가 말하고자 하는 중심 내용은 무엇인가요?** (　　　　)

① 일식이 생기는 이유

② 조선과 명나라의 관계

③ 『칠정산』이 만들어진 과정과 의미

④ 사람들이 일식을 기다리는 이유

내용 이해

2 **이 글의 내용을 바르게 이해한 사람은 누구인가요?** (　　　　)

① 수민: 『칠정산』을 만든 이후, 조선의 일식 예보가 정확해졌어.

② 승주: 세종 대왕은 혼자 힘으로 『칠정산』을 완성했어.

③ 서준: 조선 시대에는 왕이 일식을 예보했어.

③ 지원: 세종 대왕은 명나라의 도움을 받아 『칠정산』을 만들었어.

내용 적용

3 **다음은 세종 대왕에게 쓴 편지입니다. 글을 읽고, 빈칸에 들어갈 알맞은 낱말을 쓰세요.**

멋진 세종 대왕님께

안녕하세요. 저는 김지민이라고 합니다. 오늘 세종 대왕님의 노력으로 만들어진 『칠정산』에 대한 글을 읽었어요. 예전에는 (　　　　) 예보가 조금씩 틀렸는데, 『칠정산』을 만든 이후에는 (　　　　) 예보를 정확하게 할 수 있었다니 정말 신기합니다. 저도 세종 대왕님처럼 다른 사람에게 도움이 되는 사람이 될게요.

20○○년 3월 15일

김지민 올림

어휘력 완성하기

정답과 해설 | 114쪽

어휘 이해

1 낱말의 뜻을 읽고, 문장의 빈칸에 들어갈 낱말을 보기 에서 찾아 쓰세요.

보기 예 오 보 천 차 문 학

① 요즈음에는 일기 [ ][ ]가 예전보다 잘 맞는다.

낱말의 뜻 앞으로 일어날 일을 미리 알림.

② 과학 실험을 할 때에는 [ ][ ]를 줄이기 위해 노력해야 한다.

낱말의 뜻 실지로 셈하거나 잰 값과 이론적으로 정확한 값과의 차이.

③ 장영실이 만든 혼천의는 조선의 [ ][ ][ ] 발전에 큰 도움을 주었다.

낱말의 뜻 우주에 관한 온갖 사실을 연구하는 학문.

어휘 적용

2 다음 대화를 읽고, 빈칸에 들어갈 알맞은 낱말을 쓰세요.

내일 체험 학습 가는 날이잖아. 왜 우울한 표정을 하고 있어?

조금 전에 일기 (　　　)를 보았는데, 내일 천둥이 치고 비도 온대!

[ ][ ]

어휘 관계

3 밑줄 친 낱말과 뜻이 비슷한 것은 무엇인가요? (　　　)

운동회에서 우리 반이 이길 것으로 <u>예측</u>되었다.

① 예상　② 연구　③ 진실　④ 책임

공부한 날 ______ 월 ______ 일

노인을 바라보는 따뜻한 시선

사회 4-2

1문단 우리나라는 2025년이 되면 노인의 수가 전체 *인구의 1/5에 이르는 '초고령화 사회'가 될 것이라고 합니다. 질병을 예방하고 치료하는 의학 기술 수준이 높아져 사람들의 *수명이 늘어났고, 해마다 태어나는 사람의 수는 줄어들고 있기 때문입니다. 노인의 수가 늘어나면 노인을 *부양하기 위한 다른 국민들의 부담이 늘어날 수 있습니다. 그래서 노인 인구가 많아지는 것을 걱정하는 목소리가 높아지고 있습니다. 때로는 노인을 바라보는 시선이 곱지 않기도 합니다.

2문단 그러나 조선 시대에는 노인에 대한 예와 효를 강조하였습니다. 당시에는 군역이라는 제도가 있어서 남자들이 정해진 기간 동안 군대에 가야 했습니다. 그런데 집에 노인이 있으면 군역을 *면제해 주고, 노인을 공경하고 보살필 수 있도록 하였습니다. 또한 죄를 지었더라도 나이 든 부모가 있으면 죄를 지은 사람의 벌을 줄여 주거나 다른 벌로 바꾸어 주어 *봉양의 의무를 다하도록 하였습니다.

3문단 그리고 노인을 지혜를 갖춘 귀한 존재로 여겼습니다. 나라의 큰일이 있을 때나 어려운 일이 있을 때는 노인에게 *조언을 구하기도 하였습니다. 오랜 시간 쌓은 노인의 경험과 지혜를 통해 어렵고 힘든 일을 해결하고 극복해 나간 것입니다.

4문단 그리스에는 '집에 노인이 없으면 노인을 빌려라.'라는 속담이 있습니다. 노인의 소중함을 나타내는 말입니다. 시간이 흐르면 누구나 나이가 들고 노인이 됩니다. 초고령화 사회 역시 피할 수 없습니다. 노인을 따뜻한 시선으로 바라보고, 노인의 지혜를 이어받아 사회를 발전시키는 힘으로 삼아야 할 것입니다.

낱말 풀이

- 인구 일정한 지역에 사는 사람의 수.
- 수명 생물이 살아 있는 정해진 기한.
- 부양 생활 능력이 없는 사람의 생활을 돌봄.
- 면제 책임이나 의무 따위를 면하여 줌.
- 봉양 부모나 조부모와 같은 웃어른을 받들어 모심.
- 조언 말로 거들거나 깨우쳐 주어서 도움. 또는 그 도움말.

노트에 글의 내용을 정리하고 한 문장으로 요약해 봐!

노인을 바라보는 따뜻한 시선

문단별 핵심 내용

1문단 (   ) 사회가 될 우리나라

2문단 노인에 대한 (   )와 (   )를 강조한 조선 시대

3문단 노인을 (   )를 갖춘 귀한 존재로 여겼던 조선 시대

4문단 노인을 따뜻한 (   )으로 바라보고, 지혜를 이어받아야 함.

4주

내용 간추리기

노인을 바라보는 [ ][ ]

현재 — [ ][ ] 인구가 많아지는 것을 걱정함.

과거 —
- 노인에 대한 예와 효를 강조함.
  - ① 노인이 있으면 군역을 면제해 줌.
  - ② 죄를 지은 사람도 [ ][ ]의 의무를 다하게 함.
- 노인을 지혜를 갖춘 귀한 존재로 여김.
  - ① 나라의 큰일이 있을 때 [ ][ ]을 구함.
  - ② 노인의 경험과 지혜로 힘든 일을 해결하고 극복함.

한 문장 정리하기

초고령화 사회가 다가오면서 ______________________________

____

주제 찾기

1 이 글의 주제로 알맞은 것은 무엇인가요? (　　　　)

① 초고령화 사회의 뜻
② 심각한 노인 문제
③ 노인을 바라보는 과거와 현재의 시선
④ 그리스의 속담 소개

내용 이해

2 이 글의 내용을 바르게 말한 친구에게는 ○표, 틀리게 말한 친구에게는 X표 하세요.

은주 ▶ 노인이 많아지면서 국민들의 부담이 늘어날 수 있어. (　　　　)
고은 ▶ 우리나라는 초고령화 사회를 벗어나고 있어. (　　　　)
예성 ▶ 조선 시대에는 집에 노인이 있으면 군역을 면제해 주었어. (　　　　)
로은 ▶ 조선 시대에는 예와 효를 강조하며 노인을 귀하게 여겼어. (　　　　)

내용 적용

3 다음 글을 읽고, 빈칸에 들어갈 알맞은 낱말을 쓰세요.

> 노인과 젊은이는 누가 더 나무를 많이 베는지 내기를 하였다. 젊은이는 힘이 세고 기운이 좋아 쉬지 않고 나무를 베었다. 노인은 그늘에서 쉬어 가며 나무를 베었다. 시간이 흘러 두 사람은 나무를 벤 양을 비교해 보았다. 놀랍게도 젊은이보다 노인이 벤 나무 양이 훨씬 많은 것이 아닌가? 깜짝 놀란 젊은이는 노인에게 나무를 많이 벨 수 있었던 비결을 물었다. 노인은 이렇게 대답하였다.
> "나는 그늘에 앉아 쉬는 동안 도끼를 갈았다네."

이 글을 통해 노인에게 삶의 [　|　]를 본받을 수 있다는 것을 알았다.

어휘력 완성하기

정답과 해설 | 115쪽

어휘 이해

1 낱말의 뜻을 읽고, 알맞은 낱말을 찾아 줄로 이으세요.

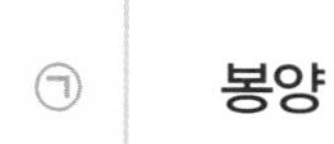

❶ 말로 거들거나 깨우쳐 주어서 도움. 또는 그 도움말. •	• ㉠ 봉양
❷ 부모나 조부모와 같은 웃어른을 받들어 모심. •	• ㉡ 조언
❸ 책임이나 의무 따위를 면하여 줌. •	• ㉢ 면제

어휘 적용

2 다음 대화의 빈칸에 들어갈 알맞은 낱말로 짝지어진 것은 무엇인가요? (   )

노인은 사회에 (㉠)을/를 주는 사람이 아닙니다.

맞습니다. 노인의 지혜를 배운다면 사회를 (㉡)시킬 수 있습니다.

① ㉠ 부담, ㉡ 발전
② ㉠ 면제, ㉡ 공경
③ ㉠ 발전, ㉡ 부담
④ ㉠ 공경, ㉡ 면제

어휘 관계

3 다음 보기 의 두 낱말의 관계와 비슷한 것은 무엇인가요? (   )

보기

노인 – 아이

① 신발 – 운동화　② 성장 – 발전　③ 숲 – 나무　④ 찬성 – 반대

더위를 식히고 환경도 지키는 녹색 커튼

1문단 해를 지날수록 여름철 무더위가 심해지는 것 같지 않나요? 실제로 *폭염이 있는 날이 해마다 늘어나고 있습니다. 바로 *지구 온난화 때문입니다. 그런데 더위를 식히려고 선풍기나 에어컨을 틀면 틀수록 지구 온난화는 더욱 심해질 수밖에 없습니다. 더위를 식히고 환경도 지킬 수 있는 방법은 없을까요?

2문단 최근 이에 대한 *대안으로 '녹색 커튼'이 떠오르고 있습니다. 녹색 커튼이란 건물의 창문이나 바깥쪽 벽에 덩굴 식물을 자라게 하여 마치 커튼처럼 벽을 가리는 방법을 말합니다. 벽을 뒤덮은 싱그러운 녹색 식물은 햇빛과 뜨거운 열기를 막아내지요.

3문단 그렇다면 녹색 커튼은 어떤 과정을 통해 만들어지는 걸까요? 먼저 건물의 벽에 덩굴 식물이 타고 오를 수 있는 그물망을 설치해야 합니다. 그리고 나팔꽃, 수세미, 작두콩과 같은 한해살이 덩굴 식물을 심습니다. 식물은 그물망을 타고 올라가며 쑥쑥 자라 벽에 녹색 커튼을 드리웁니다.

4문단 무더운 여름, 녹색 커튼은 실내의 온도를 3~5℃ 정도 낮춘다고 합니다. 뜨거운 햇볕을 쬐다가 나무 그늘 아래에 가면 유독 시원함을 느꼈던 경험이 있을 것입니다. 바로 식물의 '증산 작용' 덕분인데요. 증산 작용은 식물의 잎에서 물기가 나와 공기 중으로 날아가는 것을 말합니다. 식물이 내보낸 물기가 주변의 온도를 낮추기 때문에 우리가 시원함을 느낄 수 있는 것이지요. 이처럼 녹색 커튼은 풀이나 나무가 부족한 도시의 더위를 식혀 줄 뿐 아니라, 건물을 아름답게 만들고 공기를 *정화하는 역할도 합니다.

▲ 녹색 커튼

낱말 풀이
- 폭염 매우 심한 더위.
- 지구 온난화 지구의 기온이 높아지는 상태.
- 대안 어떤 일에 대처할 계획이나 방법.
- 정화 더러운 것을 깨끗하게 함.

 노트에 글의 내용을 정리하고 한 문장으로 요약해 봐!

더위를 식히고 환경도 지키는 녹색 커튼

문단별 핵심 내용

1문단 여름철 무더위를 심하게 만드는 (   )

2문단 대안으로 떠오른 (   )

3문단 녹색 커튼이 만들어지는 (   )

4문단 실내 온도를 낮추는 녹색 커튼의 (   ) 작용

내용 간추리기

녹색 커튼

만드는 과정	역할
① 건물 벽에 □□□ 설치	① 실내 온도를 낮춤.
② □□ □□ 심기	② 도시의 □□를 식혀 줌.
③ 그물망을 타고 식물이 자람.	③ 건물을 아름답게 만듦.
④ 녹색 커튼을 드리움.	④ □□를 정화함.

한 문장 정리하기

건물의 창문이나 벽을 ____________________

____

주제 찾기

1 이 글에서 글쓴이가 말하고자 하는 중심 내용은 무엇인가요? ( )

① 덩굴 식물을 잘 키우는 방법

② 식물의 잎에서 물기가 나오는 과정

③ 환경을 지키고 더위를 식히는 녹색 커튼

④ 지구 온난화가 일어난 까닭

내용 이해

2 이 글의 내용을 바르게 이해하지 <u>못한</u> 사람은 누구인가요? ( )

① 현정: 더위를 식히려 에어컨을 계속 틀면 지구가 더 뜨거워질지도 몰라.

② 희승: 식물의 잎에서 나온 물기가 공기 중으로 날아간다는 사실을 알게 되었어.

③ 승용: 녹색 커튼은 덩굴 식물을 키워야 해서 돈 낭비가 심해질 거야.

④ 수진: 환경을 지키면서 더위를 식히는 방법이 정말 새롭고 신기해.

내용 적용

3 다음 대화를 읽고, 빈칸에 들어갈 알맞은 말을 쓰세요.

기민: 정말 덥다. 우리 나무 그늘 아래에서 잠깐 쉬었다 가자.

승모: 우아! 나무가 햇빛을 막아 주니 정말 시원하다. 솔솔 불어오는 바람도 느껴져. 지난번에 선생님께서 우리 학교는 담쟁이덩굴이 벽에 가득해서 시원하다고 하셨잖아. 왜 그런지 알아?

기민: 왜냐하면 담쟁이덩굴의 잎에서 물기를 공기 중으로 내보내는 (   )이 일어나기 때문이야.

어휘 이해

1 낱말의 뜻을 읽고, 문장의 빈칸에 들어갈 낱말을 보기에서 찾아 쓰세요.

보기: 대 폭 정 염 화 안

① 갑자기 닥친 일이라 [ ][ ]이 쉽게 떠오르지 않는다.

낱말의 뜻 어떤 일에 대처할 계획이나 방법.

② 두 달 동안 계속된 [ ][ ]은 샘물을 마르게 했다.

낱말의 뜻 매우 심한 더위.

③ 오염된 자연을 [ ][ ]시키는 데에는 많은 노력이 필요하다.

낱말의 뜻 더러운 것을 깨끗하게 함.

어휘 적용

2 다음 글을 읽고, 빈칸에 공통으로 들어갈 낱말을 보기에서 찾아 쓰세요.

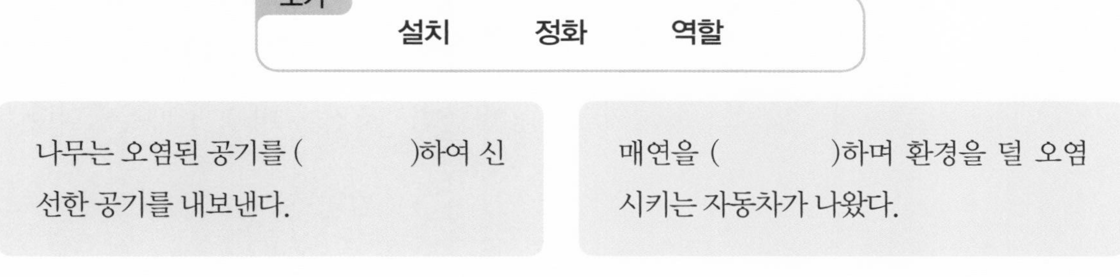
보기: 설치 정화 역할

나무는 오염된 공기를 (   )하여 신선한 공기를 내보낸다.

매연을 (   )하며 환경을 덜 오염시키는 자동차가 나왔다.

[ ][ ]

어휘 관계

3 다음 밑줄 친 두 낱말의 관계와 비슷한 것은 무엇인가요? (   )

지구 온난화로 여름에는 <u>더위</u>가, 겨울에는 <u>추위</u>가 심해졌다.

① 하늘 – 자연 ② 동물 – 돼지 ③ 아래 – 위 ④ 계절 – 가을

공부한 날 ______ 월 ______ 일

같은 기온인데 왜 다르게 느껴질까?

과학 5-1

1문단 올해 겨울 중 가장 추운 날이라는 *일기 예보에 잔뜩 걱정하고 나섰는데, 어쩐지 어제보다 덜 춥다고 느낀 적이 있나요? 일기 예보는 보통 '기온'과 '체감 온도'를 함께 알려 줍니다. 기온은 공기의 온도를 말하고, 체감 온도는 사람이 느끼는 덥거나 추운 정도를 나타낸 온도를 말합니다. 그런데 둘 사이에는 차이가 있습니다.

2문단 체감 온도는 바람에 따라 달라집니다. 겨울철에는 기온이 같더라도 바람이 세게 불면 더 춥게 느껴집니다. 차가운 바람이 사람의 피부에서 열을 더 쉽게 빼앗아 체감 온도를 떨어뜨리기 때문입니다. 반대로 사막에서는 바람이 불면 더 덥게 느껴집니다. 우리 몸의 온도보다 높은 뜨거운 바람이 공기의 열을 전해 사람의 체감 온도를 더 높이기 때문입니다.

3문단 체감 온도는 *습도에 따라서도 달라집니다. 같은 온도의 여름날을 생각해 볼까요? 습도가 낮은 날은 참을 만한 더위로 느껴지지만, 습도가 높은 날은 더욱 덥게 느껴집니다. 우리 몸은 더위를 느낄 때 땀을 흘리며 몸의 온도를 낮춥니다. 그런데 습도가 높으면 땀을 내보내지 못해 체감 온도를 낮추지 못하는 것이지요.

4문단 겨울철의 날씨는 대부분 *건조하기 때문에 바람의 세기를 *고려한 체감 온도를 발표합니다. 여름철에는 햇빛의 양과 습도가 체감 온도에 영향을 주기 때문에 이를 고려하여 체감 온도를 발표하지요. 같은 기온의 날씨인데도 체감 온도가 다른 이유는 바람, 습도, 햇빛의 양 등 다양한 *조건이 바뀌기 때문입니다.

낱말 풀이

- 일기 예보 날씨의 변화를 미리 짐작하여 알리는 일.
- 습도 공기 가운데 수증기, 즉 기체 상태로 되어 있는 물이 들어 있는 정도.
- 건조 말라서 물기가 없음.
- 고려하다 생각하고 헤아려 보다.
- 조건 어떤 일을 이루게 하거나 이루지 못하게 하기 위하여 맞추어야 할 상태.

노트에 글의 내용을 정리하고 한 문장으로 요약해 봐!

같은 기온인데 왜 다르게 느껴질까?

문단별 핵심 내용

1문단 기온과 (   )에는 차이가 있음.

2문단 체감 온도가 달라지는 이유 ① (   )

3문단 체감 온도가 달라지는 이유 ② (   )

4문단 같은 (   )의 날씨라도 조건에 따라 달라지는 체감 온도

내용 간추리기

체감 온도

뜻 — [ ][ ]이 느끼는 덥거나 추운 정도를 나타낸 온도

달라지는 이유

① 바람

차가운 바람은 열을 빼앗아 체감 온도를 떨어뜨림.

뜨거운 바람은 [ ]을 전해 체감 온도를 높임.

② [ ][ ]

높은 습도는 땀을 내보내지 못해 체감 온도를 낮추지 못함.

한 문장 정리하기

사람이 ______________________________

____

주제 찾기

1 이 글에서 글쓴이가 말하고자 하는 중심 내용은 무엇인가요? ( )

① 온도계의 종류
② 겨울철과 여름철의 건강 관리
③ 겨울철 추위에 대비하는 방법
④ 같은 기온의 날씨가 다르게 느껴지는 이유

내용 이해

2 이 글의 내용을 바르게 이해하지 못한 사람은 누구인가요? ( )

① 희승: 습도가 높은 여름밤은 유독 덥게 느껴져.
② 순창: 겨울철의 체감 온도는 바람에 영향을 받는구나.
③ 세령: 여름철에 습도가 높아지면 체감 온도가 떨어질 수 있구나.
④ 현호: 기온이 같은 날씨라도 조건이 다르면 체감 온도는 다르게 느껴져.

내용 적용

3 다음은 일기 예보를 보고 남매가 나눈 대화입니다. 빈칸에 들어갈 알맞은 낱말을 쓰세요.

지금 서울은 영하 15.5℃이고 눈이 내리고 있습니다. 다행히 크리스마스인 내일의 기온은 오늘보다 2℃가량 높아지고 눈도 점차 그칠 예정입니다. 하지만 내일은 매우 심한 바람이 불 예정이니, 바람으로 인한 피해가 없도록 조심하시기 바랍니다.

동생: 누나, 내일 점심에 친구들과 만나기로 했어.
누나: 그렇구나, 내일 기온은 오늘과 같다고 하던데, 바람은 더 심하게 분대.
동생: 아하, 그러면 사람이 느끼는 ( )는 오늘보다 내일 더 내려가겠네.

어휘 이해

1 낱말의 뜻을 읽고, 문장의 빈칸에 들어갈 낱말을 보기 에서 찾아 쓰세요.

보기 | 발 | 건 | 습 | 조 | 표 | 도

① 비가 많이 오면 [|]가 높아 빨래가 잘 마르지 않는다.

낱말의 뜻 공기 가운데 수증기, 즉 기체 상태로 되어 있는 물이 들어 있는 정도.

② 방 안이 [|]하여 가습기를 틀었다.

낱말의 뜻 말라서 물기가 없음.

③ 우리 모둠이 준비한 내용을 모두 함께 [|]하였다.

낱말의 뜻 어떤 사실이나 결과, 작품 따위를 세상에 널리 드러내어 알림.

어휘 적용

2 다음 글을 읽고, 빈칸에 공통으로 들어갈 낱말을 보기 에서 찾아 쓰세요.

보기: 조건 이유 결과

선인장이 가시가 있는 ( )은/는 다른 동물들이 선인장을 먹지 못하게 하기 위해서다.

사람이 땀을 흘리는 ( )은/는 몸의 온도를 낮추기 위해서이다.

[|]

어휘 관계

3 밑줄 친 낱말과 뜻이 비슷하지 않은 것은 무엇인가요? ( )

이 그림은 빈센트 반 고흐가 가장 아꼈던 그림이다.

① 매우 ② 제일 ③ 무척 ④ 별로

화려하고 뜨거운 순간을 만들다, 불꽃 디자이너

한국의 불꽃 축제는 역사가 그리 길지 않습니다. 하지만 불꽃 디자이너들의 노력과 열정으로 그 수준은 세계의 유명한 불꽃 축제에 견줄 만큼 우수합니다. 그런데 밤하늘을 수놓는 아름다운 불꽃을 만들기 위해서는 많은 노력이 필요하다는 것을 알고 있나요?

먼저 불꽃의 모양과 크기, 색깔을 정하고 이에 맞춰 적절한 *화약의 종류와 양을 결정해야 합니다. 관객들의 흥을 돋우고, 불꽃과 잘 어울리는 음악을 선택해야 하며, 불꽃을 터뜨릴 장소에는 각종 장치들도 준비해야 하지요. 또한 순조로운 공연을 위해 *예행연습도 해야 합니다. 이처럼 안전하고 재미있는 불꽃놀이를 위해 필요한 모든 작업을 종합적으로 계획하고 관리하는 사람을 '불꽃 디자이너'라고 합니다.

불꽃 디자이너에게는 많은 능력이 요구됩니다. 아름다운 색과 모양의 불꽃을 만들어 내기 위한 미술 감각과 창의성은 물론, 화약에 대한 깊이 있는 지식도 요구됩니다. 날씨에 상관없이 화약을 터뜨려 가며 일하는 힘들고 위험한 작업이기에 앞장서서 현장을 지휘할 수 있는 강인한 리더십도 필요합니다.

*화약 불꽃의 재료로 열, 전기 따위에 반응을 함.

*예행연습 어떤 행사를 갖기 전에 그와 똑같은 순서로 해 보는 종합적인 연습.

Q. 불꽃 디자이너는 무엇에 대한 깊이 있는 지식이 필요한가요?

정답 화약

정답과 해설

실전편 1 권

초등 2~3학년

10~13쪽

1일차

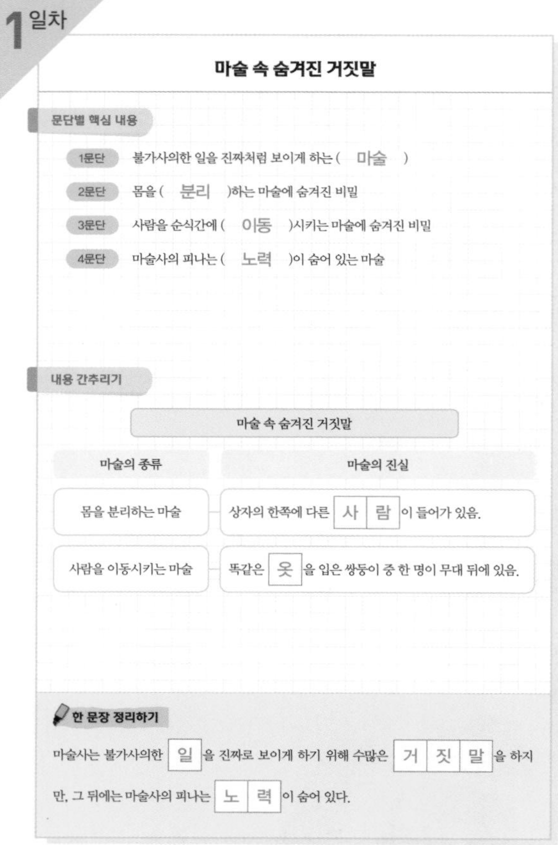

마술 속 숨겨진 거짓말

문단별 핵심 내용

1문단 불가사의한 일을 진짜처럼 보이게 하는 (마술)

2문단 몸을 (분리)하는 마술에 숨겨진 비밀

3문단 사람을 순식간에 (이동)시키는 마술에 숨겨진 비밀

4문단 마술사의 피나는 (노력)이 숨어 있는 마술

내용 간추리기

마술 속 숨겨진 거짓말

마술의 종류	마술의 진실
몸을 분리하는 마술	상자의 한쪽에 다른 사람이 들어가 있음.
사람을 이동시키는 마술	똑같은 옷을 입은 쌍둥이 중 한 명이 무대 뒤에 있음.

한 문장 정리하기

마술사는 불가사의한 일을 진짜로 보이게 하기 위해 수많은 거짓말을 하지만, 그 뒤에는 마술사의 피나는 노력이 숨어 있다.

● **전체 핵심**

이 글은 마술을 통해 수많은 거짓말을 하는 마술사에 대해 다루고 있습니다. 따라서 이 글의 전체 핵심은 '마술사의 거짓말'입니다.

● **전체 중심 문장**

이 글의 전체 중심 문장은 4문단의 마지막 문장입니다. 2~4문단에 걸쳐 마술에 숨겨진 비밀과 관객을 속이기 위해 마술을 공들여 준비하는 마술사에 대한 내용으로 전체 중심 문장을 뒷받침하고 있습니다.

● **내용 간추리기**

마술의 종류와 마술의 진실로 이 글의 내용을 간추려 정리할 수 있습니다. 2문단에 몸을 분리하는 마술의 진실은 상자 한쪽에 다른 '사람'이 들어가 있는 것이라고 제시되어 있으며, 3문단에 순식간에 사람을 이동시키는 마술의 진실은 똑같은 '옷'을 입은 쌍둥이 중 한 명이 무대 뒤에 있는 것이라고 제시되어 있습니다.

● **한 문장 정리하기**

마술사의 거짓말 뒤에 숨겨진 노력을 파악하는 것이 핵심입니다. 따라서 빈칸에는 순서대로 '일', '거짓말', '노력'이 들어가야 합니다.

문해력 완성하기

정답

1 ④

2 ×, ○, ×, ○

3 노력

도움말

1 이 글은 수많은 거짓말이 담긴 마술의 진실을 보여 주고 있습니다. 따라서 이 글의 주제로 가장 알맞은 것은 '다양한 마술에 숨겨진 진실'입니다.

2 1문단에서 마술은 불가사의한 일을 진짜로 일어나는 것처럼 보이게 하는 것, 즉 속임수라고 하였으므로 경환의 말은 틀렸습니다. 또한, 마술사가 건물을 사라지게 하는 것 역시 속임수라고 하였으므로 지은의 말도 틀렸습니다.

3 제시된 글을 통해 마술사는 관객을 속이기 위해 마술을 열심히 연습하며 노력하고 있음을 알 수 있습니다. 따라서 빈칸에 들어갈 알맞은 낱말은 '노력'입니다.

어휘력 완성하기

정답

1 ❶ 분리 ❷ 간파 ❸ 공중

2 ②

3 ②

도움말

1 '새로 나뉘어 떨어짐. 또는 그렇게 되게 함'을 뜻하는 낱말은 '분리', '속마음이나 겉으로 드러나지 않은 일의 내용을 꿰뚫어 알아차림'을 뜻하는 낱말은 '간파', '하늘과 땅 사이의 빈 곳'을 뜻하는 낱말은 '공중'입니다.

2 '간파'는 '속마음이나 겉으로 드러나지 않은 일의 내용을 꿰뚫어 알아차림'의 뜻을 가진 낱말로, ②의 문장에서 숙제를 해결하지 못했다고 하였으므로 '간파하여'가 아닌, '간파하지 못해'라고 해야 합니다.

3 보기에서 '손'은 '몸'에 포함되는 낱말입니다. ②의 '버스'는 '대중교통'에 포함되므로 보기의 관계와 비슷한 관계로 이루어진 것으로 볼 수 있습니다.

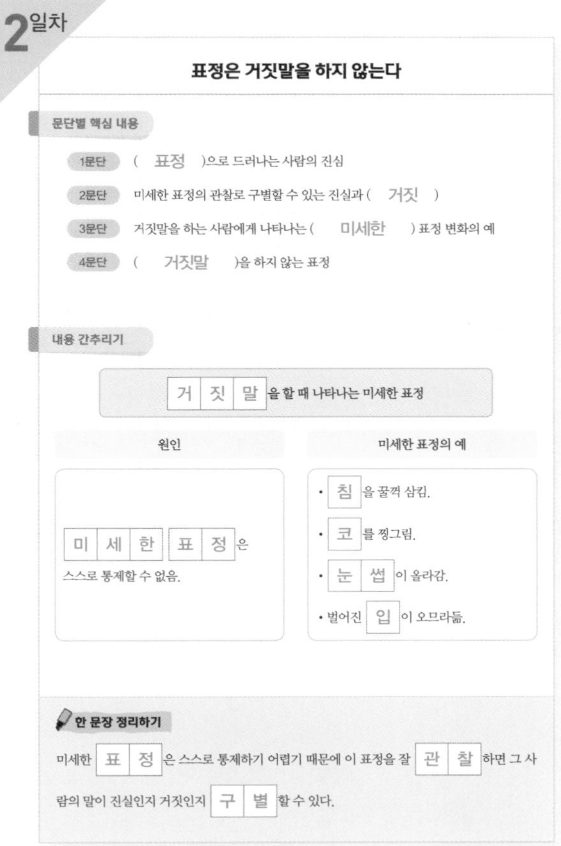

2일차

표정은 거짓말을 하지 않는다

문단별 핵심 내용

1문단 (표정)으로 드러나는 사람의 진심

2문단 미세한 표정의 관찰로 구별할 수 있는 진실과 (거짓)

3문단 거짓말을 하는 사람에게 나타나는 (미세한) 표정 변화의 예

4문단 (거짓말)을 하지 않는 표정

내용 간추리기

거 짓 말 을 할 때 나타나는 미세한 표정

원인	미세한 표정의 예
미 세 한 표 정 은 스스로 통제할 수 없음.	• 침 을 꿀꺽 삼킴. • 코 를 찡그림. • 눈 썹 이 올라감. • 벌어진 입 이 오므라듦.

한 문장 정리하기

미세한 표 정 은 스스로 통제하기 어렵기 때문에 이 표정을 잘 관 찰 하면 그 사람의 말이 진실인지 거짓인지 구 별 할 수 있다.

● **전체 핵심**

이 글은 진실과 거짓을 알 수 있는 미세한 표정에 대해 주로 다루고 있습니다. 따라서 이 글의 전체 핵심은 '미세한 표정'입니다.

● **전체 중심 문장**

이 글의 전체 중심 문장은 2문단의 마지막 문장입니다. 3문단은 미세한 표정 변화의 예, 4문단은 미세한 표정으로 진실과 거짓을 구별할 수 있는 이유가 드러나 있습니다.

● **내용 간추리기**

'거짓말'을 할 때 나타나는 미세한 표정 변화의 원인과 그 예로 간추려 정리할 수 있습니다. 2문단에서 '미세한 표정'은 스스로 통제할 수 없다고 하였으며, 3문단에서 거짓말을 할 때 미세한 표정 변화의 예로 '침'을 꿀꺽 삼키거나, '코'를 찡그린다고 하였습니다. 또한, '눈썹'이 올라가거나 벌어진 '입'이 오므라들기도 하는 표정 변화의 예도 언급하고 있습니다.

● **한 문장 정리하기**

미세한 표정 변화의 관찰로 진실과 거짓을 가려낼 수 있다는 내용이 핵심입니다. 따라서 빈칸에는 순서대로 '표정', '관찰', '구별'이 들어가야 합니다.

문해력 완성하기

정답

1 ③

2 ②

3 거짓말

도움말

1 스스로 통제할 수 없는 미세한 표정을 잘 관찰하면 거짓말을 하는지 알 수 있다는 것이 주요 내용입니다. 따라서 중심 내용은 '미세한 표정으로 드러나는 거짓말'입니다.

2 거짓말을 하는 사람의 미세한 표정 변화에 대한 내용이 3문단에 제시되어 있습니다. ①의 표정은 코를 찡그리며 침을 삼키고 있고, ③의 표정은 눈썹이 올라가 있으므로 거짓말을 할 때의 미세한 표정 변화에 해당됩니다.

3 관용구 '거짓말을 밥 먹듯 하다'는 '거짓말을 자주 하다'라는 뜻이며, 속담 '십 년 가는 거짓말 없다'는 '거짓말은 금방 들통이 나게 마련'이라는 뜻입니다. 따라서 빈칸에 공통으로 들어갈 낱말은 '거짓말'입니다.

어휘력 완성하기

정답

1 ❶ ㉡ ❷ ㉢ ❸ ㉠

2 표정

3 ①

도움말

1 '통제'는 '일정한 목적에 따라 행동을 제한함'이라는 뜻이며, '미세하다'는 '알아보기 어려울 정도로 매우 작다'를 뜻하는 낱말입니다. '거리낌'은 '일이 마음에 걸려서 꺼림칙하게 생각됨'을 뜻합니다.

2 동생의 거짓말을 알 수 있었던 이유는 미세한 표정을 잘 관찰했기 때문이며, 2문단에서 미세한 표정을 관찰하면 진실인지 거짓인지 구별할 수 있다고 하였으므로 빈칸에 들어갈 알맞은 낱말은 '표정'입니다.

3 두려움이나 거부감은 어떤 현상이나 일에 대해 느끼는 마음이나 기분에 해당하는 낱말로 '감정'에 포함됩니다.

3일차

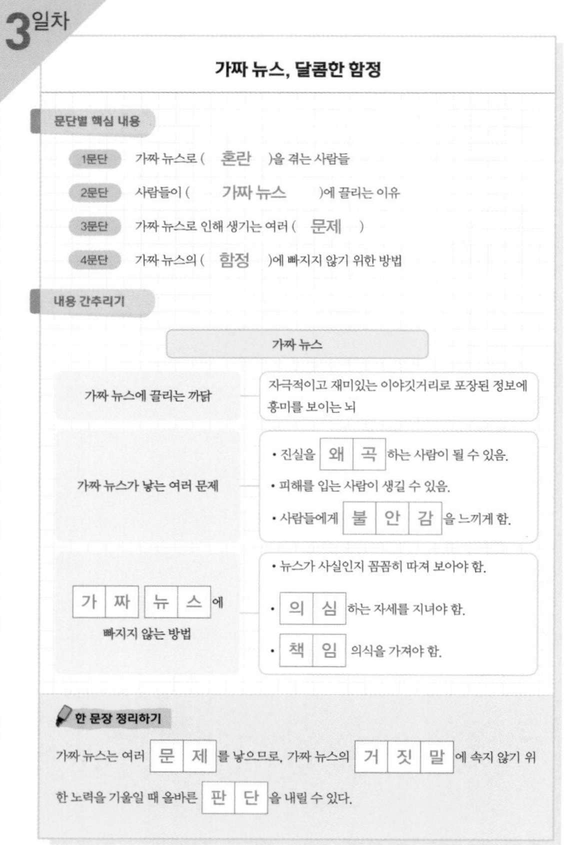

가짜 뉴스, 달콤한 함정

문단별 핵심 내용

1문단 가짜 뉴스로 (혼란)을 겪는 사람들

2문단 사람들이 (가짜 뉴스)에 끌리는 이유

3문단 가짜 뉴스로 인해 생기는 여러 (문제)

4문단 가짜 뉴스의 (함정)에 빠지지 않기 위한 방법

내용 간추리기

가짜 뉴스

가짜 뉴스에 끌리는 까닭	자극적이고 재미있는 이야깃거리로 포장된 정보에 흥미를 보이는 뇌
가짜 뉴스가 낳는 여러 문제	• 진실을 왜곡하는 사람이 될 수 있음. • 피해를 입는 사람이 생길 수 있음. • 사람들에게 불안감을 느끼게 함.
가짜 뉴스에 빠지지 않는 방법	• 뉴스가 사실인지 꼼꼼히 따져 보아야 함. • 의심하는 자세를 지녀야 함. • 책임 의식을 가져야 함.

한 문장 정리하기

가짜 뉴스는 여러 문제를 낳으므로, 가짜 뉴스의 거짓말에 속지 않기 위한 노력을 기울일 때 올바른 판단을 내릴 수 있다.

● **전체 핵심**

이 글은 가짜 뉴스에 사람들이 끌리는 이유와 그로 인한 문제점, 가짜 뉴스에 빠지지 않는 방법에 대해 이야기하고 있습니다. 따라서 전체 핵심은 '가짜 뉴스'입니다.

● **전체 중심 문장**

이 글의 전체 중심 문장은 4문단의 마지막 문장입니다. 2~4문단에 걸쳐 가짜 뉴스에 끌리는 이유와 문제점, 가짜 뉴스에 빠지지 않는 방법을 이야기하며 전체 중심 문장의 내용을 뒷받침하고 있습니다.

● **내용 간추리기**

이 글은 가짜 뉴스에 끌리는 까닭, 가짜 뉴스가 낳는 여러 문제, 가짜 뉴스에 빠지지 않는 방법으로 간추려 정리할 수 있습니다. 3문단에서 가짜 뉴스를 접한 사람은 진실을 '왜곡'하는 사람이 될 수 있고, 가짜 뉴스는 사람들에게 '불안감'을 느끼게 한다고 하였습니다. 가짜 뉴스에 빠지지 않기 위해 '책임' 의식과 '의심'하는 자세를 지녀야 한다는 내용은 4문단에 드러나 있습니다.

● **한 문장 정리하기**

가짜 뉴스에 속지 않기 위한 노력을 할 때 올바른 판단을 내릴 수 있다는 내용으로 정리할 수 있습니다. 따라서 빈칸에는 순서대로 '문제', '거짓말', '판단'이 들어가야 합니다.

문해력 완성하기

정답

1 ③

2 ○, ×, ○, ×

3 가짜 뉴스

도움말

1 이 글은 여러 문제를 일으키는 가짜 뉴스에 빠지지 않는 방법을 말하고 있습니다. 따라서 이 글의 주제는 '가짜 뉴스의 문제점과 가짜 뉴스에 빠지지 않는 방법'입니다.

2 3문단에서 가짜 뉴스로 피해를 입는 사람이 생길 수 있다고 하였으므로 동현의 말은 틀렸습니다. 4문단에서 가짜 뉴스에 빠지지 않기 위해 의심하는 자세를 지녀야 한다고 하였으므로 채은의 말도 틀렸습니다.

3 제시된 글은 가짜 뉴스로부터 자신을 보호하려면 올바른 정보를 갖고 의심하고 확인하는 태도를 지녀야 함을 이야기하고 있습니다. 따라서 빈칸에 들어갈 알맞은 낱말은 '가짜 뉴스'입니다.

어휘력 완성하기

정답

1 ❶ ㉡ ❷ ㉢ ❸ ㉠

2 공유

3 ①

도움말

1 '사실과 다르게 해석하거나 그릇되게 하다'라는 뜻을 가진 낱말은 '왜곡하다', '두 사람 이상이 한 물건이나 정보를 공동으로 가지다'라는 뜻의 낱말은 '공유하다', '겉으로만 그럴듯하게 꾸미다'라는 뜻을 지닌 낱말은 '포장하다'입니다.

2 빈칸에 공통으로 들어갈 낱말은 '두 사람 이상이 한 물건이나 정보를 공동으로 가지다'라는 뜻의 '공유'가 들어가야 합니다.

3 '진실'과 '참'은 뜻이 비슷한 관계의 낱말입니다. '가짜'와 '거짓' 역시 뜻이 비슷한 낱말이므로 정답은 ①입니다. ②은 운동화가 신발에 포함되는 낱말이고, ④은 빨강이 색에 포함되는 낱말입니다.

4일차

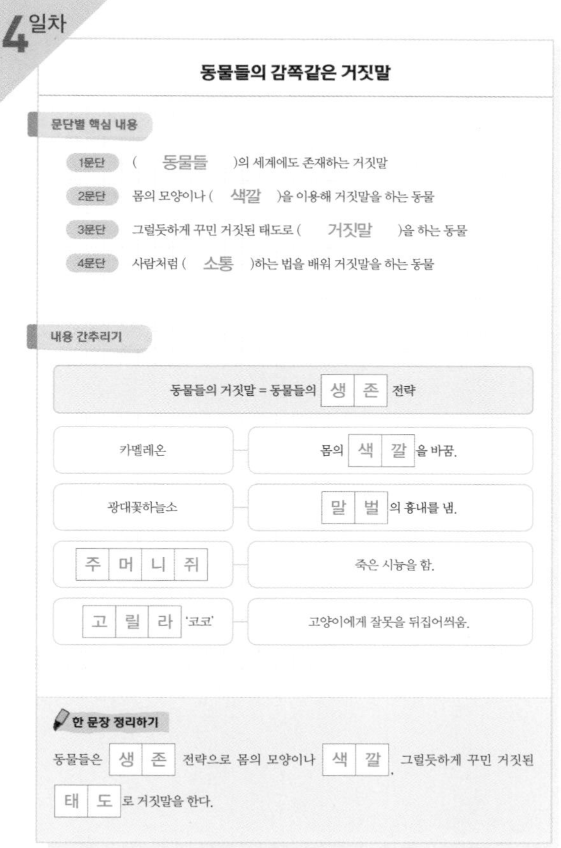

동물들의 감쪽같은 거짓말

문단별 핵심 내용

- 1문단 (동물들)의 세계에도 존재하는 거짓말
- 2문단 몸의 모양이나 (색깔)을 이용해 거짓말을 하는 동물
- 3문단 그럴듯하게 꾸민 거짓된 태도로 (거짓말)을 하는 동물
- 4문단 사람처럼 (소통)하는 법을 배워 거짓말을 하는 동물

내용 간추리기

동물들의 거짓말 = 동물들의 생존 전략

카멜레온	몸의 색깔을 바꿈.
광대꽃하늘소	말벌의 흉내를 냄.
주머니쥐	죽은 시늉을 함.
고릴라 '코코'	고양이에게 잘못을 뒤집어씌움.

한 문장 정리하기

동물들은 생존 전략으로 몸의 모양이나 색깔, 그럴듯하게 꾸민 거짓된 태도로 거짓말을 한다.

● 전체 핵심

이 글은 동물들의 세계에도 존재하는 거짓말에 대해 이야기하고 있습니다. 따라서 이 글의 전체 핵심은 '동물들의 거짓말'입니다.

● 전체 중심 문장

이 글의 전체 중심 문장은 4문단의 마지막 문장입니다. 2~4문단 모두 다양한 방법으로 거짓말을 하는 동물들의 예로 전체 중심 문장의 내용을 뒷받침하고 있습니다.

● 내용 간추리기

거짓말을 하는 동물과 그에 대한 내용으로 간추려 정리할 수 있습니다. 2문단에서 카멜레온은 몸의 '색깔'을 바꾼다고 하였고, 광대꽃하늘소는 '말벌'의 흉내를 내며 상대를 위협한다고 하였습니다. 3문단에서 '주머니쥐'는 천적을 만나면 죽은 시늉을 한다고 하였고, 4문단에서 사람과 소통할 수 있는 '고릴라' 코코는 고양이에게 거짓말을 뒤집어씌웠다고 하였습니다.

● 한 문장 정리하기

동물들이 거짓말을 하는 이유와 거짓말을 하는 다양한 방법을 파악하는 것이 핵심입니다. 따라서 빈칸 순서대로 '생존', '색깔', '태도'가 들어가야 합니다.

문해력 완성하기

정답

1 ③

2 ④

3 색깔

도움말

1 이 글은 동물들이 생존 전략으로 사용하는 거짓말에 대해 이야기하고 있으므로, 이 글의 주제는 '동물들의 거짓말'입니다.

2 4문단에서 동물들이 거짓말을 하는 이유는 생존 전략 때문이라고 하였으므로 글의 내용을 바르게 이해하지 못한 사람은 선유입니다.

3 다람쥐의 마지막 말에서 '나뭇잎 색깔이랑 똑같이 변해서 나뭇잎인 줄 알았어.'라는 내용과 2문단의 내용을 참고했을 때 빈칸에 들어갈 알맞은 낱말은 '색깔'입니다.

어휘력 완성하기

정답

1 ❶ ㉢ ❷ ㉡ ❸ ㉠

2 주변

3 ③

도움말

1 '위협'은 '상대편이 겁을 먹게 하는 말이나 행동'을, '흉내'는 '남이 하는 말이나 행동을 그대로 옮기는 것'을 뜻합니다. 또한 '표현'은 '생각이나 느낌을 언어나 몸짓을 사용하여 나타냄'을 뜻합니다.

2 '주변'은 '어떤 대상의 둘레'를 뜻하는 말로 사물의 둘레 근처나 가까운 거리에 있는 사람들을 가리킬 때 쓰이는 낱말입니다. 따라서 빈칸에 공통으로 들어갈 낱말은 '주변'입니다.

3 '시늉'과 바꾸어 쓸 수 있는 말은 '척'입니다.

5일차

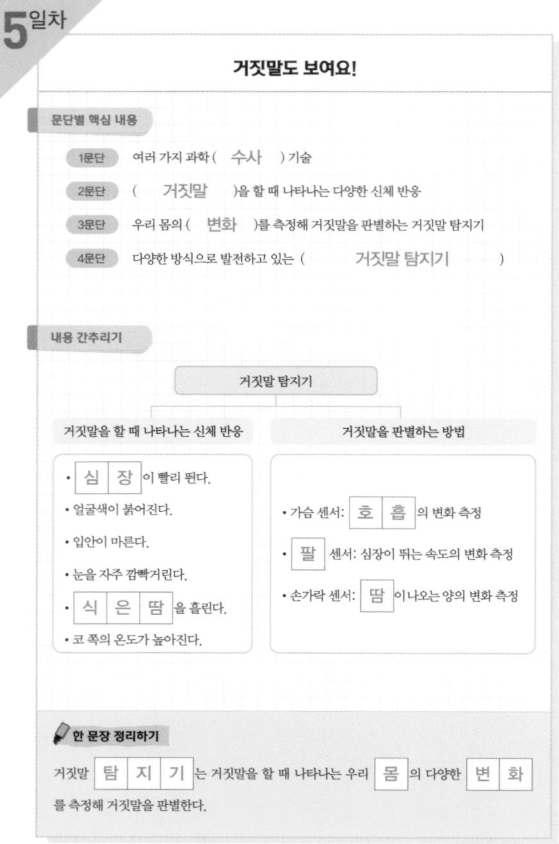
거짓말도 보여요!

문단별 핵심 내용

1문단 여러 가지 과학 (수사) 기술
2문단 (거짓말)을 할 때 나타나는 다양한 신체 반응
3문단 우리 몸의 (변화)를 측정해 거짓말을 판별하는 거짓말 탐지기
4문단 다양한 방식으로 발전하고 있는 (거짓말 탐지기)

내용 간추리기

거짓말 탐지기

거짓말을 할 때 나타나는 신체 반응
- 심 장 이 빨리 뛴다.
- 얼굴색이 붉어진다.
- 입안이 마른다.
- 눈을 자주 깜빡거린다.
- 식 은 땀 을 흘린다.
- 코 쪽의 온도가 높아진다.

거짓말을 판별하는 방법
- 가슴 센서: 호 흡 의 변화 측정
- 팔 센서: 심장이 뛰는 속도의 변화 측정
- 손가락 센서: 땀 이 나오는 양의 변화 측정

한 문장 정리하기

거짓말 탐 지 기 는 거짓말을 할 때 나타나는 우리 몸 의 다양한 변 화 를 측정해 거짓말을 판별한다.

● **전체 핵심**

이 글은 거짓말 탐지기가 거짓말을 판별하는 방법에 대해 주로 이야기하고 있습니다. 따라서 이 글의 전체 핵심은 '거짓말 탐지기'입니다.

● **전체 중심 문장**

이 글의 전체 중심 문장은 3문단의 마지막 문장입니다. 2~3문단에 걸쳐 거짓말을 할 때 나타나는 신체 반응과 거짓말 탐지기의 원리를 제시하며 전체 중심 문장을 뒷받침하고 있습니다.

● **내용 간추리기**

거짓말을 할 때의 신체 반응과 거짓말을 판별하는 방법으로 정리할 수 있습니다. 2문단에서 거짓말을 할때 '심장'이 빨리 뛰고, '식은땀'을 흘린다고 하였습니다. 3문단에서 가슴에 연결된 센서는 '호흡'의 변화를, '팔'에 연결된 센서는 심장이 뛰는 속도의 변화를, 손가락에 연결된 센서는 '땀'이 나오는 양의 변화를 측정한다고 하였습니다.

● **한 문장 정리하기**

거짓말 탐지기가 거짓말을 판별하는 원리를 파악하는 것이 핵심입니다. 빈칸에는 순서대로 '탐지기', '몸', '변화'가 들어가야 합니다.

문해력 완성하기

정답

1 ②

2 ○, ×, ○, ○

3 열화상 카메라

도움말

1 이 글은 거짓말을 판별하는 거짓말 탐지기에 대한 내용을 다루고 있으므로, '신체 반응을 이용한 거짓말 탐지기'가 이 글의 주제입니다.

2 4문단에서 코끝의 온도 변화로 거짓말을 판별하는 탐지기는 몸에 센서를 연결하는 번거로움을 줄여 주고 사용법이 간단하다고 하였으므로, 세영의 말은 틀렸습니다.

3 존 왓슨의 마지막 말과 4문단의 내용을 참고했을 때, 빈칸에 들어갈 알맞은 낱말은 '열화상 카메라'입니다.

어휘력 완성하기

정답

1 ❶ 판별 ❷ 측정 ❸ 반응

2 변화

3 ③

도움말

1 '옳고 그름이나 좋고 나쁨을 판단하여 구별함'이라는 뜻의 낱말은 '판별', '일정한 양을 기준으로 하여 같은 종류의 다른 양의 크기를 잼'이라는 뜻의 낱말은 '측정', '바깥 부분에서 주어지는 자극에 대하여 어떤 태도나 행동, 현상이 일어나는 것'이라는 뜻의 낱말은 '반응'입니다.

2 제시된 문장의 빈칸에는 '사물의 성질, 모양, 상태 따위가 바뀌어 달라짐'을 뜻하는 '변화'가 들어가 '기후 변화로 인해 여러 문제가 나타나고 있다', '인류의 삶은 매우 큰 변화를 맞이하였다'로 쓰이는 것이 적절합니다.

3 제시된 문장에서 '판별'은 '옳고 그름이나 좋고 나쁨을 판단하여 구별함'이라는 뜻이므로, 이와 비슷한 낱말은 '구별'입니다.

32~35쪽

1일차

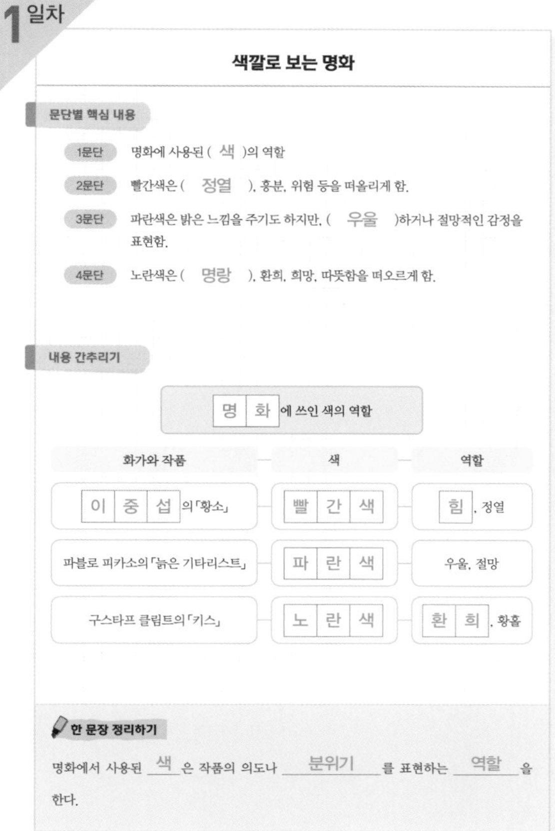

색깔로 보는 명화

문단별 핵심 내용

- 1문단 명화에 사용된 (색)의 역할
- 2문단 빨간색은 (정열), 흥분, 위험 등을 떠올리게 함.
- 3문단 파란색은 밝은 느낌을 주기도 하지만, (우울)하거나 절망적인 감정을 표현함.
- 4문단 노란색은 (명랑), 환희, 희망, 따뜻함을 떠오르게 함.

내용 간추리기

명 화 에 쓰인 색의 역할

화가와 작품	색	역할
이 중 섭 의 「황소」	빨 간 색	힘 , 정열
파블로 피카소의 「늙은 기타리스트」	파 란 색	우울, 절망
구스타프 클림트의 「키스」	노 란 색	환 희 , 황홀

한 문장 정리하기

명화에서 사용된 __색__ 은 작품의 의도나 __분위기__ 를 표현하는 __역할__ 을 한다.

● **전체 핵심**

이 글은 명화에 사용된 색의 역할을 주로 다루고 있으므로, 이 글의 전체 핵심은 '명화에 사용된 색'입니다.

● **전체 중심 문장**

이 글의 전체 중심 문장은 1문단의 마지막 문장입니다. 2~4문단에서는 사람들에게 널리 알려진 명화에 사용된 색과 그 역할에 대해 설명하고 있습니다.

● **내용 간추리기**

명화에 쓰인 색의 역할을 간추려 정리한 표입니다. '이중섭'의 작품 「황소」에서 '빨간색'이 '힘'과 정열을 나타냈다는 내용은 2문단에, 파블로 피카소의 작품 「늙은 기타리스트」에서 '파란색'이 우울과 절망을 표현했다는 내용은 3문단에 드러나 있습니다. 구스타프 클림트의 작품 「키스」에서 노란색이 '환희'와 황홀을 나타낸다는 내용은 4문단에 제시되어 있습니다.

● **한 문장 정리하기**

명화에 사용된 색의 역할을 파악하는 것이 핵심입니다. 따라서 빈 곳에는 순서대로 '색', '분위기', '역할'이 들어가야 합니다.

문해력 완성하기

정답

1 ④

2 ×, ○, ○, ×

3 빨간색

도움말

1 이 글은 세 개의 명화를 예로 들어 명화에 사용된 색의 역할을 설명하고 있습니다. 따라서 이 글의 주제는 '명화에서 사용된 색의 역할'입니다.

2 1문단에서 이중섭은 「황소」라는 작품을 통해 소의 모습을 빨간색으로 담아냈다고 하였으므로 선호의 말은 틀렸습니다. 3문단에서 피카소는 파란색으로 우울함을 표현했다고 하였으므로 태영의 말도 틀렸습니다.

3 이중섭은 작품에 빨간색을 사용하여 힘과 정열을 드러냈지만, 제시된 글에서 뭉크는 빨간색으로 절망적인 감정 상태를 표현했다고 하였습니다. 따라서 빈칸에는 '빨간색'이 들어가야 합니다.

어휘력 완성하기

정답

1 ❶ 환희 ❷ 절망 ❸ 의도

2 ❶ ○ ❷ ○ ❸ ×

3 ②

도움말

1 '매우 기뻐함. 또는 큰 기쁨'을 뜻하는 낱말은 '환희'입니다. '바라볼 것이 없게 되어 모든 희망이 없어진 상태'를 뜻하는 낱말은 '절망'이며, '무엇을 하고자 하는 생각이나 계획'을 뜻하는 낱말은 '의도'입니다.

2 '사람은 시각을 통해 대부분의 정보를 얻습니다.'라는 문장과 ❶, ❷ 문장의 '시각'은 '눈을 통해 빛의 자극을 받아들이는 감각 작용'을 뜻합니다. ❸ 문장의 '시각'은 '시간의 어느 한 시점'이라는 뜻으로 쓰였습니다.

3 '음울하게'는 '기분이나 분위기 따위가 어두컴컴하고 우울하다'를 뜻하므로, 이와 비슷한 낱말은 '근심스럽거나 답답하여 활기가 없다'라는 뜻의 '우울하게'입니다.

2일차

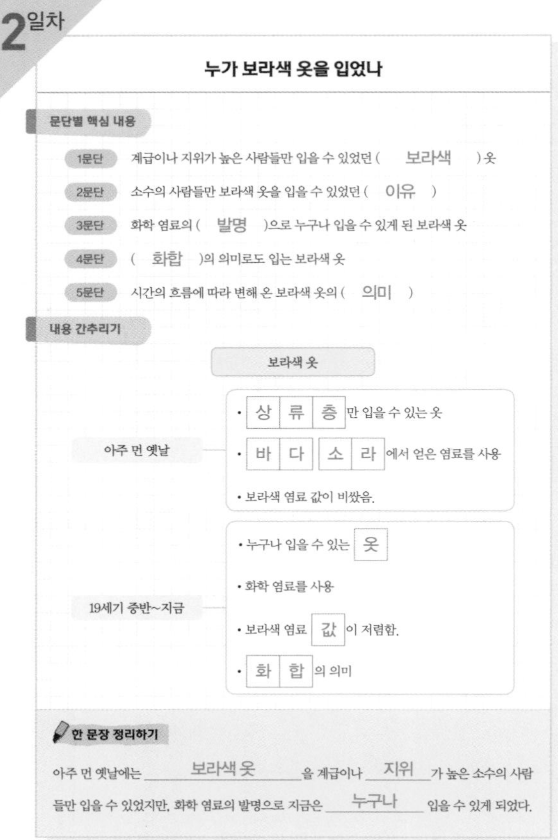

누가 보라색 옷을 입었나

문단별 핵심 내용

- 1문단 계급이나 지위가 높은 사람들만 입을 수 있었던 (보라색) 옷
- 2문단 소수의 사람들만 보라색 옷을 입을 수 있었던 (이유)
- 3문단 화학 염료의 (발명)으로 누구나 입을 수 있게 된 보라색 옷
- 4문단 (화합)의 의미로도 입는 보라색 옷
- 5문단 시간의 흐름에 따라 변해 온 보라색 옷의 (의미)

내용 간추리기

보라색 옷

아주 먼 옛날
- 상 류 층 만 입을 수 있는 옷
- 바 다 소 라 에서 얻은 염료를 사용
- 보라색 염료 값이 비쌌음.

19세기 중반~지금
- 누구나 입을 수 있는 옷
- 화학 염료를 사용
- 보라색 염료 값 이 저렴함.
- 화 합 의 의미

한 문장 정리하기

아주 먼 옛날에는 보라색 옷 을 계급이나 지위 가 높은 소수의 사람들만 입을 수 있었지만, 화학 염료의 발명으로 지금은 누구나 입을 수 있게 되었다.

● 전체 핵심

이 글은 시간의 흐름에 따라 변화된 보라색 옷의 의미를 주로 다루고 있으므로, 이 글의 전체 핵심은 '보라색 옷'입니다.

● 전체 중심 문장

이 글의 전체 중심 문장은 5문단의 첫 번째 문장입니다. 과거에는 보라색 옷을 상류층만 입었지만 지금은 누구나 입을 수 있게 되었다는 내용과 화합의 의미로도 보라색 옷을 입는다는 내용이 전체 중심 문장을 뒷받침하고 있습니다.

● 내용 간추리기

보라색 옷에 대한 내용을 정리한 표입니다. 아주 먼 옛날의 보라색 옷은 '상류층'만 입을 수 있는 옷이었으며, '바다 소라'에서 보라색 염료를 얻었다는 내용을 2문단에서 찾을 수 있습니다. 19세기 중반 염료의 '값'이 저렴해졌다는 내용은 3문단, 보라색 옷을 입음으로써 '화합'의 의미를 전달했다는 내용은 4문단에 드러나 있습니다.

● 한 문장 정리하기

옛날과 지금의 보라색 옷의 변화를 한 문장으로 정리할 수 있습니다. 빈 곳에는 순서대로 '보라색 옷', '지위', '누구나'가 들어가야 합니다.

문해력 완성하기

정답

1 ③

2 

3 화합

도움말

1 이 글은 보라색 옷의 의미가 시대의 흐름에 따라 어떻게 변하였는가를 나타내고 있으므로, 제목을 다시 붙인다고 할 때 가장 어울리는 것은 '보라색 옷의 역사'입니다.

2 1문단의 내용을 참고하였을 때, 보라색 옷을 입은 사람이 가장 신분이 높은 사람이라고 할 수 있습니다.

3 4문단과 대화의 내용으로 미루어 보아, 빨간색과 파란색 염료를 섞어 만든 보라색 옷을 입은 것은 엄마와 아빠가 '화합'하기를 바란 것으로 볼 수 있습니다.

어휘력 완성하기

정답

1 ❶ 염료 ❷ 채취 ❸ 계급

2 채취

3 ②

도움말

1 '옷감 따위에 빛깔을 들이는 물질'을 뜻하는 낱말은 '염료'이며, '풀, 나무, 광석 따위를 찾아 베거나 캐거나 하여 얻어 냄'을 뜻하는 낱말은 '채취'입니다. '한 사회에서 신분, 재산, 직업 따위가 비슷한 사람들로 이루어진 집단. 또는 나뉘어진 신분의 위치'를 뜻하는 낱말은 '계급'입니다.

2 소금 광산에서 소금 덩어리인 암염을 캐낸다고 하였으므로, 빈칸에 들어갈 알맞은 낱말은 '채취'입니다.

3 '소수'는 '적은 수'를 뜻하는 낱말로, 이와 반대되는 뜻의 낱말은 '수효가 많음'이라는 뜻을 지닌 '다수'입니다.

3일차

이 색은 살구색일까? 살색일까?

문단별 핵심 내용

1문단 두 번이나 (이름)이 바뀐 살구색

2문단 살구색의 첫 이름인 살색에 (인종) 차별의 의미가 있었음.

3문단 두 번째 이름인 연주황색이 (어린이)에 대한 차별이라는 지적이 있었음.

4문단 우리 주변의 (차별)을 인지하고 고치려는 노력이 필요함.

내용 간추리기

색깔 이름 변화	이름이 바뀐 이유
살 색	인 종 차 별을 의미함.
연주황색	한자를 잘 모르는 어린이에 대한 차별을 의미함.
살 구 색	차별을 개선하려는 노력이 담김.

한 문장 정리하기

살색 이라는 색깔 이름은 인종 차별을 느끼게 하여 연주황색 으로 바뀌었다가 한자를 모르는 어린이에 대한 차별 로 지적되자 다시 살구색 으로 이름이 바뀌었다.

● **전체 핵심**

이 글은 두 번이나 바뀐 살구색의 이름을 다루며, 우리 주변의 차별을 인지하고 이를 고치려고 노력해야 한다는 내용의 논설문입니다. 따라서 전체 핵심은 '살구색'입니다.

● **전체 중심 문장**

이 글의 전체 중심 문장은 4문단의 마지막 문장입니다. 2~3문단은 '살색'과 '연주황색'이라는 이름이 바뀐 이유에 대한 내용으로, 전체 중심 문장의 내용을 뒷받침하고 있습니다.

● **내용 간추리기**

색깔 이름의 변화와 이름이 바뀐 이유에 대한 내용으로 정리할 수 있습니다. 2문단에서 살구색의 첫 이름은 '살색'이었다는 내용이 제시되어 있습니다. 또한, 살색이라는 이름에서 '인종 차별'의 의미가 발견되었다는 내용도 함께 드러나 있습니다. '살구색'은 차별을 개선하려는 노력이 담긴 이름임을 4문단에서 설명하고 있습니다.

● **한 문장 정리하기**

살구색의 이름이 어떻게 변화되어 왔는지와 그 이유에 대한 내용을 한 문장으로 정리할 수 있습니다. 따라서 빈 곳에는 순서대로 '살색', '연주황색', '차별', '살구색'이 들어가야 합니다.

문해력 완성하기

정답

1 ④

2 ②

3 차별

도움말

1 이 글의 중심 내용은 두 번이나 바뀐 크레파스의 색깔 이름을 통해 우리 주변에서 발견할 수 있는 차별을 다루고 있습니다. 따라서 ④이 정답입니다.

2 연주황색이라는 이름이 바뀐 이유는 한자를 잘 모르는 어린이에 대한 차별 때문이라고 3문단에 제시되었으므로 정답은 ②입니다.

3 마틴 루서 킹의 글은 피부색에 의해 차별받지 않는 세상을 꿈꾼다는 내용입니다. 따라서 빈칸에 들어갈 알맞은 낱말은 '차별'입니다.

어휘력 완성하기

정답

1 ❶ 개선 ❷ 다문화 ❸ 차별

2 발견

3 ③

도움말

1 '잘못된 것이나 부족한 것, 나쁜 것 따위를 고쳐 더 좋게 만듦'을 뜻하는 낱말은 '개선', '한 사회 안에 여러 민족이나 여러 국가의 문화가 뒤섞인 것을 이르는 말'을 뜻하는 낱말은 '다문화'입니다. '둘 이상의 대상을 각각 등급이나 수준 차이를 두어서 구별함'의 뜻을 가진 낱말은 '차별'입니다.

2 제시된 문장의 빈칸에는 '미처 찾아내지 못하였거나 아직 알려지지 아니한 사물이나 현상, 사실 따위를 찾아냄'을 뜻하는 '발견'이 들어가 '보물 지도를 발견하였다', '잘못된 행동을 발견하였다'로 쓰이는 것이 적절합니다.

3 '차별'은 '둘 이상의 대상을 각각 등급이나 수준 따위의 차이를 두어서 구별함'을 뜻하는 낱말로, 이와 반대되는 뜻의 낱말은 '권리, 의무, 자격 등이 차별 없이 고르고 한결같음'의 뜻을 가진 '평등'입니다.

4일차

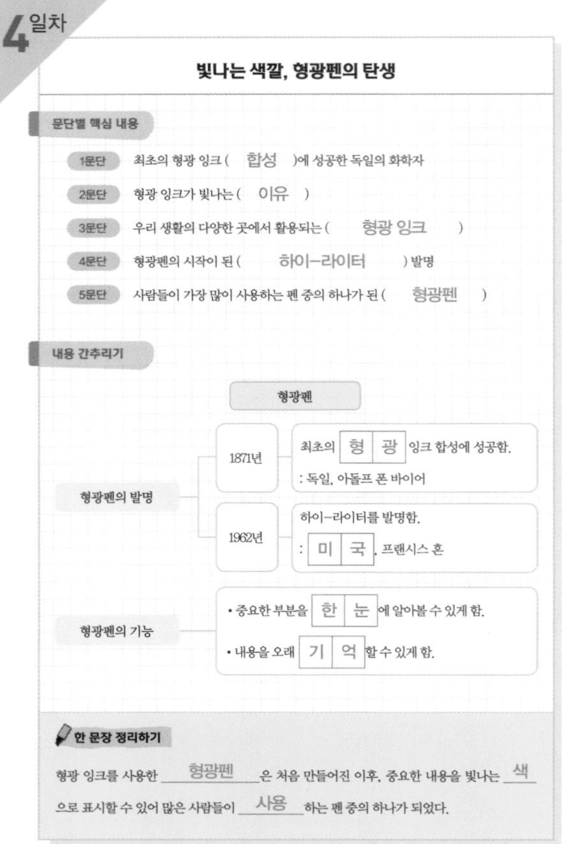

빛나는 색깔, 형광펜의 탄생

문단별 핵심 내용

- 1문단 최초의 형광 잉크 (합성)에 성공한 독일의 화학자
- 2문단 형광 잉크가 빛나는 (이유)
- 3문단 우리 생활의 다양한 곳에서 활용되는 (형광 잉크)
- 4문단 형광펜의 시작이 된 (하이-라이터) 발명
- 5문단 사람들이 가장 많이 사용하는 펜 중의 하나가 된 (형광펜)

내용 간추리기

형광펜

- 형광펜의 발명
  - 1871년: 최초의 형 광 잉크 합성에 성공함. : 독일, 아돌프 폰 바이어
  - 1962년: 하이-라이터를 발명함. : 미 국, 프랜시스 혼
- 형광펜의 기능
  - 중요한 부분을 한 눈에 알아볼 수 있게 함.
  - 내용을 오래 기 억할 수 있게 함.

한 문장 정리하기

형광 잉크를 사용한 형광펜 은 처음 만들어진 이후, 중요한 내용을 빛나는 색 으로 표시할 수 있어 많은 사람들이 사용 하는 펜 중의 하나가 되었다.

● 전체 핵심

이 글은 형광펜이 어떻게 탄생되었는지 그 과정에 대한 내용을 주로 다루고 있습니다. 따라서 이 글의 전체 핵심은 글에서 반복되고 있는 '형광펜'입니다.

● 전체 중심 문장

이 글의 전체 중심 문장은 5문단의 첫 번째 문장입니다. 1~4문단은 형광펜의 탄생 과정을 보여 주며 전체 중심 문장을 뒷받침하고 있습니다.

● 내용 간추리기

형광펜의 발명과 기능을 간추려 정리한 표입니다. 1871년 최초의 '형광' 잉크 합성에 성공했다는 내용은 1문단에, 1962년 '미국'의 프랜시스 혼이 하이-라이터를 발명했다는 내용은 4문단에 제시되어 있습니다. 중요한 부분을 '한눈'에 알아볼 수 있게 하고, 내용을 오래 '기억'할 수 있게 하는 형광펜의 기능은 5문단에서 찾을 수 있습니다.

● 한 문장 정리하기

형광펜의 기능 덕분에 형광펜이 탄생한 이후 많은 사람들이 사용하는 펜 중의 하나가 되었다는 내용을 파악하는 것이 핵심입니다.

문해력 완성하기

정답

1 ②

2 ×, ○, ×, ○

3 기억

도움말

1 이 글은 형광펜의 탄생에 대해 이야기하고 있으므로, 이 글의 알맞은 주제는 '형광펜의 발명'입니다.

2 1문단에 1871년 최초의 형광 잉크 합성에 성공했다는 내용이 있으므로 강휘의 말은 틀렸습니다. 전체 글에서 빛나는 형광펜이 시력을 해칠 수 있다는 내용은 어디에도 없으므로 아정의 말도 틀렸습니다.

3 대화 내용에 제시된 형광펜을 사용하는 목적과 5문단의 내용을 참고하여 빈칸을 채울 수 있습니다. 따라서 빈칸에 들어갈 알맞은 낱말은 '기억'입니다.

어휘력 완성하기

정답

1 ❶ 방화복 ❷ 흡수 ❸ 기억

2 발명

3 ②

도움말

1 '불길에 의한 피해를 막기 위하여 입는 옷'이라는 뜻을 가진 낱말은 '방화복', '밖에 있는 것을 안으로 빨아서 거두어들임'이라는 뜻의 낱말은 '흡수', '이전의 인상이나 경험을 간직하거나 도로 생각해 냄'이라는 뜻을 가진 낱말은 '기억'입니다.

2 빈칸에 공통으로 들어가야 할 낱말은 '아직까지 없던 기술이나 물건을 새로 생각하여 만들어 냄'이라는 뜻의 '발명'입니다. '일정한 목적이나 기능에 맞게 씀'을 뜻하는 '사용'은 첫 번째 문장의 빈칸에 어울리지 않는 낱말입니다.

3 '활용'은 '충분히 잘 이용함'이라는 뜻이므로, 이와 비슷한 뜻의 낱말은 '일정한 목적이나 기능에 맞게 씀'이라는 뜻을 지닌 '사용'입니다.

5일차

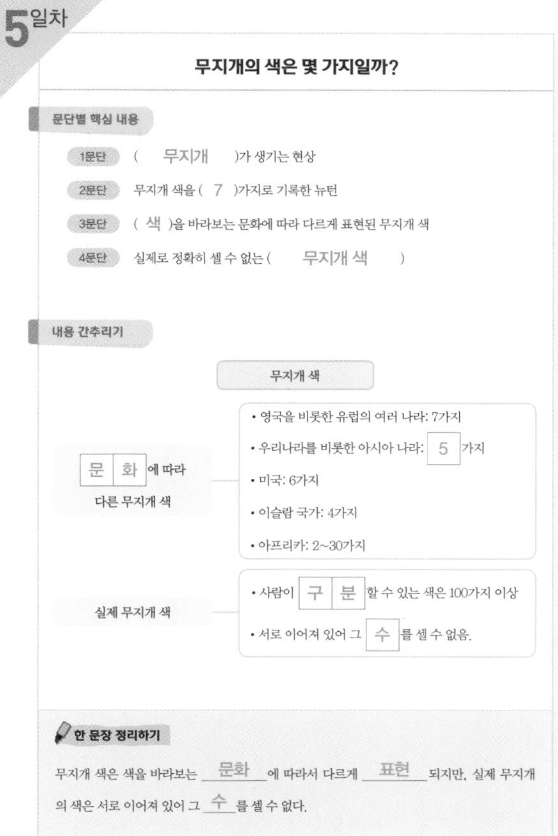

무지개의 색은 몇 가지일까?

문단별 핵심 내용

- 1문단 (무지개)가 생기는 현상
- 2문단 무지개 색을 (7)가지로 기록한 뉴턴
- 3문단 (색)을 바라보는 문화에 따라 다르게 표현된 무지개 색
- 4문단 실제로 정확히 셀 수 없는 (무지개 색)

내용 간추리기

무지개 색

문화에 따라 다른 무지개 색
- 영국을 비롯한 유럽의 여러 나라: 7가지
- 우리나라를 비롯한 아시아 나라: 5가지
- 미국: 6가지
- 이슬람 국가: 4가지
- 아프리카: 2~30가지

실제 무지개 색
- 사람이 구분할 수 있는 색은 100가지 이상
- 서로 이어져 있어 그 수를 셀 수 없음.

한 문장 정리하기

무지개 색은 색을 바라보는 문화에 따라서 다르게 표현되지만, 실제 무지개의 색은 서로 이어져 있어 그 수를 셀 수 없다.

● **전체 핵심**

이 글은 색을 바라보는 문화에 따라 다르게 표현되는 무지개 색을 다루고 있으므로, 전체 핵심은 글에서 반복되고 있는 '무지개의 색(무지개 색)'입니다.

● **전체 중심 문장**

이 글의 전체 중심 문장은 3문단의 마지막 문장입니다. 2~3문단은 영국, 우리나라, 미국, 이슬람 국가, 아프리카를 예로 들어 전체 중심 문장을 뒷받침하고 있습니다.

● **내용 간추리기**

문화에 따라 다른 무지개 색과 실제 무지개 색에 대한 내용으로 정리한 표입니다. '문화'에 따라 무지개 색이 다르게 표현되었다는 내용과 무지개 색을 '5'가지로 본 아시아 나라에 대한 내용을 3문단에서 찾을 수 있습니다. 사람이 '구분'할 수 있는 무지개 색은 100가지 이상이며, 실제 무지개 색은 서로 이어져 있어 그 '수'를 셀 수 없다는 내용은 4문단에 제시되어 있습니다.

● **한 문장 정리하기**

문화에 따라 무지개 색은 다르게 표현되지만, 실제 무지개의 색은 셀 수 없다는 내용을 파악하는 것이 핵심입니다.

문해력 완성하기

정답

1 ④

2 ○, ×, ○, ×

3 3

도움말

1 여러 나라를 예로 들어 문화에 따라 다르게 표현되는 무지개 색을 다루고 있으므로, 이 글의 주제는 '문화마다 다른 무지개 색'입니다.

2 3문단에서 색을 바라보는 문화에 따라 무지개 색은 다르게 표현된다고 하였으므로 지남의 말은 틀렸습니다. 4문단에서 실제로 무지개 색은 서로 이어져 있어 그 수를 셀 수 없을 정도라고 하였으므로 정석의 말은 틀렸습니다.

3 두 친구의 대화에서 중요한 것은 하늘, 땅, 사람이라고 하였고, 초등학교에 입학했던 달과 같은 숫자라고 하였으므로 빈칸에 들어갈 알맞은 숫자는 3입니다.

어휘력 완성하기

정답

1 ❶ ㉡ ❷ ㉠ ❸ ㉢

2 통과

3 ②

도움말

1 '사물이나 현상을 주의하여 자세히 살펴봄'이라는 뜻의 낱말은 '관찰'입니다. '일정한 기준에 따라 전체를 몇 개로 갈라 나눔'이라는 뜻의 낱말은 '구분'입니다. '사회를 이루는 사람들에 의하여 익혀지고 전달되는 생활 양식'이라는 뜻을 가진 낱말은 '문화'입니다.

2 빈칸에 공통으로 들어갈 낱말은 '어떠한 일, 과정, 단계, 지역 등을 지나감'이라는 뜻의 '통과'입니다.

3 '아마'의 뜻은 '단정할 수는 없지만 미루어 짐작하거나 생각하여 볼 때 그럴 가능성이 크다'입니다. 따라서 '아마'와 비슷한 낱말은 '확실하지 아니하지만 짐작하건대'라는 뜻을 가진 '어쩌면'입니다.

54~57쪽

1일차

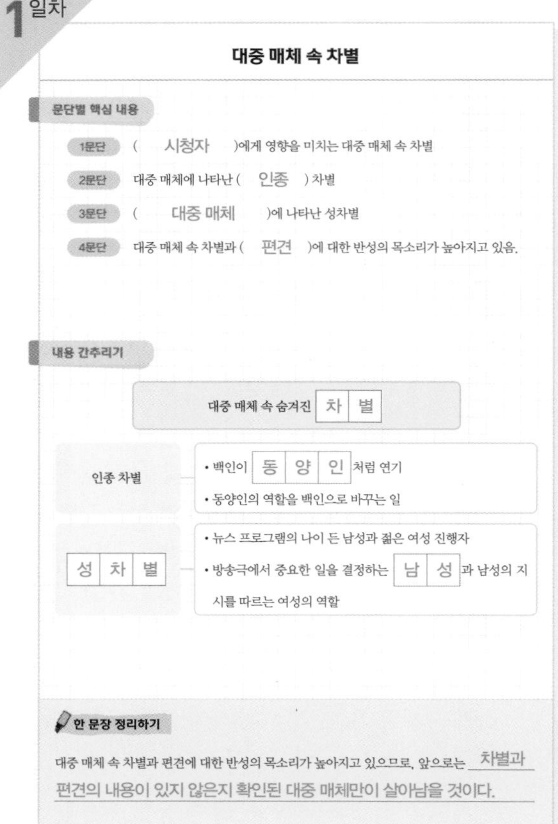

대중 매체 속 차별

문단별 핵심 내용

1문단 (시청자)에게 영향을 미치는 대중 매체 속 차별
2문단 대중 매체에 나타난 (인종) 차별
3문단 (대중 매체)에 나타난 성차별
4문단 대중 매체 속 차별과 (편견)에 대한 반성의 목소리가 높아지고 있음.

내용 간추리기

대중 매체 속 숨겨진 차 별

인종 차별
• 백인이 동 양 인 처럼 연기
• 동양인의 역할을 백인으로 바꾸는 일

성 차 별
• 뉴스 프로그램의 나이 든 남성과 젊은 여성 진행자
• 방송국에서 중요한 일을 결정하는 남 성 과 남성의 지시를 따르는 여성의 역할

한 문장 정리하기

대중 매체 속 차별과 편견에 대한 반성의 목소리가 높아지고 있으므로, 앞으로는 차별과 편견의 내용이 있지 않은지 확인된 대중 매체만이 살아남을 것이다.

● **전체 핵심**

이 글은 시청자에게 영향을 미치는 대중 매체 속 차별을 다루고 있습니다. 따라서 이 글의 전체 핵심은 '대중 매체 속 차별'입니다.

● **전체 중심 문장**

이 글의 전체 중심 문장은 4문단의 마지막 문장입니다. 2~3문단은 대중 매체에서 드러나는 인종 차별과 성차별을, 4문단은 차별이 담긴 대중 매체가 시청자의 외면을 받고 있다는 내용을 제시하고 있습니다.

● **내용 간추리기**

대중 매체 속 숨겨진 차별을 정리한 표입니다. 인종 차별의 예로 백인이 '동양인'처럼 연기한다는 내용을 2문단에서, '성차별'의 예는 3문단에서 찾을 수 있습니다.

● **한 문장 정리하기**

차별과 편견의 내용이 있지 않은지 확인된 대중 매체만이 살아남는다는 내용을 파악하는 것이 핵심입니다. 빈 곳에는 핵심 내용이 들어갔을 경우 정답으로 처리합니다.

문해력 완성하기

정답

1 ③
2 ③
3 차별

도움말

1 이 글은 대중 매체 속 차별을 다루고 있으므로, 글쓴이가 말하고자 하는 중심 내용은 ③입니다.

2 ③의 내용은 '화이트 워싱'이라는 말의 원래 뜻에 대한 내용이므로, 대중 매체 속 차별의 내용으로 알맞지 않습니다.

3 제시된 글은 대중 매체에서 표현된 충청도, 경상도, 강원도 사람을 예로 들어 지역에 대한 '차별'을 설명하고 있습니다. 따라서 빈칸에 들어갈 알맞은 낱말은 '차별'입니다.

어휘력 완성하기

정답

1 ❶ ㉡ ❷ ㉢ ❸ ㉠
2 여준
3 ①

도움말

1 '어떤 생각이나 이론, 현실 등을 인정하지 않고 무시함.'이라는 뜻의 낱말은 '외면', '남성이나 여성이라는 이유만으로 받는 차별'이라는 뜻의 낱말은 '성차별', '잘못되거나 부족하여 완전하지 못한 점'이라는 뜻을 가진 낱말은 '결점'입니다.

2 '여과'는 '주로 부정적인 것을 걸러 내는 과정을 비유적으로 이르는 말'입니다. 따라서 잔혹한 장면을 '여과 없이' 방송해서 문제가 심각하다는 의미의 문장으로 써야 자연스러운 의미가 되므로 낱말을 잘못 활용한 친구는 여준입니다.

3 '결점'은 '잘못되거나 부족하여 완전하지 못한 점'이라는 뜻의 낱말입니다. 따라서 '모자라서 남에게 뒤떨어지거나 떳떳하지 못한 점'이라는 뜻의 '약점'이 결점과 비슷한 뜻의 낱말입니다.

2일차

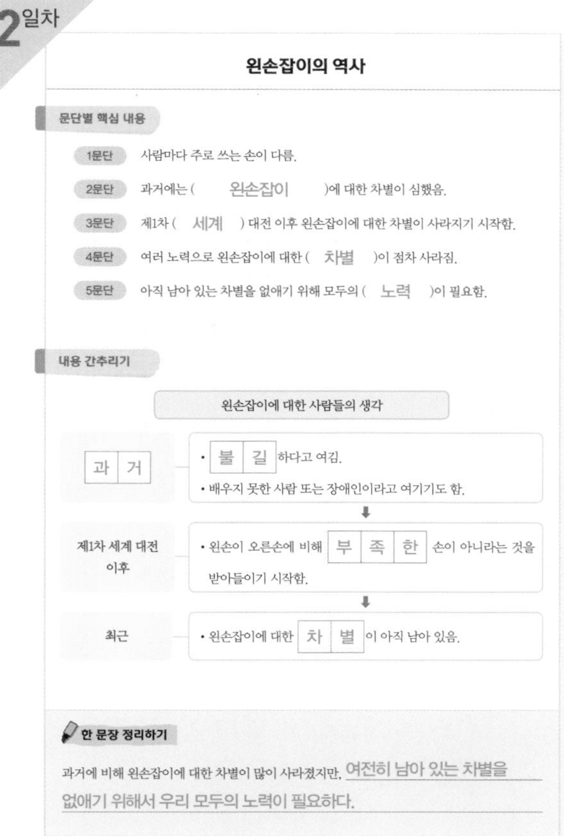

왼손잡이의 역사

문단별 핵심 내용

- 1문단 사람마다 주로 쓰는 손이 다름.
- 2문단 과거에는 (왼손잡이)에 대한 차별이 심했음.
- 3문단 제1차 (세계) 대전 이후 왼손잡이에 대한 차별이 사라지기 시작함.
- 4문단 여러 노력으로 왼손잡이에 대한 (차별)이 점차 사라짐.
- 5문단 아직 남아 있는 차별을 없애기 위해 모두의 (노력)이 필요함.

내용 간추리기

왼손잡이에 대한 사람들의 생각

시기	내용
과거	• 불길하다고 여김. • 배우지 못한 사람 또는 장애인이라고 여기기도 함.
제1차 세계 대전 이후	• 왼손이 오른손에 비해 부족한 손이 아니라는 것을 받아들이기 시작함.
최근	• 왼손잡이에 대한 차별이 아직 남아 있음.

한 문장 정리하기

과거에 비해 왼손잡이에 대한 차별이 많이 사라졌지만, 여전히 남아 있는 차별을 없애기 위해서 우리 모두의 노력이 필요하다.

● **전체 핵심**

이 글은 왼손잡이에 대한 생각의 변화를 시간의 흐름에 따라 다루고 있습니다. 따라서 전체 핵심은 글에서 반복하여 제시되고 있는 '왼손잡이'입니다.

● **전체 중심 문장**

이 글의 전체 중심 문장은 5문단의 마지막 문장입니다. 3문단에 왼손잡이에 대한 차별이 사라지기 시작했다는 내용이 있으나, 5문단에 여전히 남아 있는 차별을 없애기 위한 노력이 필요하다는 내용이 제시되어 있습니다.

● **내용 간추리기**

왼손잡이에 대한 생각의 변화를 시기별로 정리한 표입니다. '과거'에는 왼손잡이를 '불길'하다고 여겼다는 내용이 2문단에, 제1차 세계 대전 이후 왼손이 오른손에 비해 '부족한' 손이 아니라는 것을 사람들이 받아들이기 시작했다라는 내용이 3문단에 제시되어 있습니다. 또한, 왼손잡이에 대한 '차별'이 아직 남아 있다는 내용이 5문단에 언급되어 있습니다.

● **한 문장 정리하기**

빈 곳에는 왼손잡이에 대한 차별을 없애기 위한 노력이 필요하다라는 내용이 들어가면 모두 정답으로 인정합니다.

문해력 완성하기

정답

1 ③

2 ③

3 왼손잡이

도움말

1 이 글은 과거에 왼손잡이들이 받았던 차별과 왼손잡이에 대한 차별이 없어진 계기, 현재 왼손잡이에 대한 생각을 주로 다루고 있습니다. 따라서 학급 신문에 소개할 때 가장 알맞은 제목은 '왼손잡이에 대한 생각의 변화'입니다.

2 ③에 제시된 사람은 왼손으로 오른쪽에 위치한 개찰구에 교통 카드를 찍으며 불편함을 겪고 있습니다. 따라서 〈보기〉의 내용을 뒷받침하기에 적절합니다.

3 노래 가사는 왼손잡이들이 아무것도 망치지 않으니 왼손잡이를 차별하지 말라는 내용을 담고 있습니다. 따라서 빈칸에 들어갈 알맞은 낱말은 '왼손잡이'입니다.

어휘력 완성하기

정답

1 ❶ ㉡ ❷ ㉠ ❸ ㉢

2 ②

3 ③

도움말

1 '열등하다'는 '보통의 수준이나 등급보다 낮다'라는 뜻을, '불길하다'는 '운수 따위가 좋지 아니하다'라는 뜻을, '설계'는 '건설, 공사 등에 관하여 자세하게 그림과 설명으로 나타낸 계획'을 뜻합니다.

2 ②의 문장에서 목수의 솜씨가 좋다고 했으므로, '일 따위에 익숙하지 못하다'라는 뜻의 '서툴게'는 쓰임이 잘못된 낱말입니다.

3 '손'의 의미는 매우 다양하지만, 제시된 문장의 '손을 내밀다'는 '도움, 간섭 따위의 행위가 어떤 곳에 미치게 하다'라는 뜻을 지니고 있습니다. 따라서 '손'과 비슷한 뜻의 낱말은 '도움'입니다.

3일차

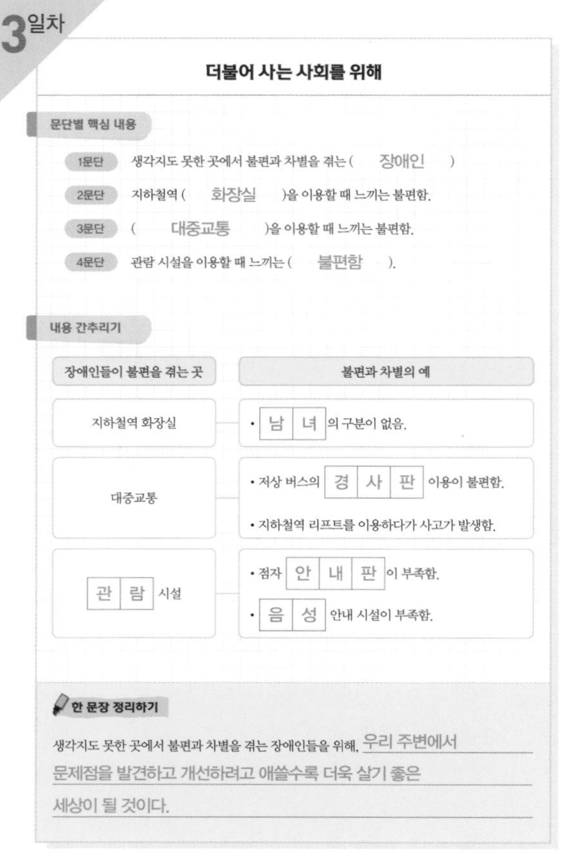

더불어 사는 사회를 위해

문단별 핵심 내용

- 1문단 생각지도 못한 곳에서 불편과 차별을 겪는 (장애인)
- 2문단 지하철역 (화장실)을 이용할 때 느끼는 불편함.
- 3문단 (대중교통)을 이용할 때 느끼는 불편함.
- 4문단 관람 시설을 이용할 때 느끼는 (불편함).

내용 간추리기

장애인들이 불편을 겪는 곳	불편과 차별의 예
지하철역 화장실	• 남 녀 의 구분이 없음.
대중교통	• 저상 버스의 경 사 판 이용이 불편함. • 지하철역 리프트를 이용하다가 사고가 발생함.
관 람 시설	• 점자 안 내 판 이 부족함. • 음 성 안내 시설이 부족함.

한 문장 정리하기

생각지도 못한 곳에서 불편과 차별을 겪는 장애인들을 위해, 우리 주변에서 문제점을 발견하고 개선하려고 애쓸수록 더욱 살기 좋은 세상이 될 것이다.

● **전체 핵심**

이 글은 차별을 겪고 있는 장애인의 사례를 들어 우리 주변에서 이를 발견해 개선하자는 주장을 담은 논설문입니다. 따라서 전체 핵심은 '장애인 차별'입니다.

● **전체 중심 문장**

이 글의 전체 중심 문장은 4문단의 맨 마지막 문장입니다. 2~4문단에서는 지하철역 화장실, 대중교통, 관람 시설에서의 장애인 차별을 예로 들어 전체 중심 문장을 뒷받침하고 있습니다.

● **내용 간추리기**

장애인들이 불편을 겪는 곳과 차별의 사례로 정리할 수 있습니다. 2문단에서 지하철역에 있는 장애인 화장실은 '남녀' 구분이 없다고 하였고, 3문단에서 저상 버스의 '경사판' 이용이 불편하다고 하였습니다. 또한 4문단에서 관람 시설의 점자 '안내판'과 '음성' 안내 시설이 부족하다고 하였습니다.

● **한 문장 정리하기**

이 글은 논설문이므로 글쓴이의 주장을 파악하는 것이 핵심입니다. 따라서 빈 곳에 '우리 주변의 차별을 발견하고 이를 개선하려고 애쓰자'라는 내용이 담겨 있으면 모두 정답으로 인정합니다.

문해력 완성하기

정답

1 ②

2 ④

3 불편

도움말

1 이 글의 중심 내용은 장애인이 느끼는 불편과 차별을 개선해야 한다는 것이므로, ②이 정답입니다.

2 ①의 내용은 1문단, ②의 내용은 3문단, ③의 내용은 4문단에 제시되어 있습니다. 지하철 리프트에서 사고가 자주 나서 리프트를 없애야 한다는 내용은 제시되어 있지 않으므로 ④이 정답입니다.

3 제시된 글은 시각 장애인을 위해 열린 문화재 전시회에 대한 내용입니다. 모형으로 만든 문화재를 전시한 것은 시각 장애인이 겪는 불편을 없애고, 불편하지 않은 문화생활을 의도한 것이므로, 빈칸에 공통으로 들어갈 알맞은 낱말은 '불편'입니다.

어휘력 완성하기

정답

1 ❶ ㉢ ❷ ㉡ ❸ ㉠

2 ②

3 ③

도움말

1 '사람의 목소리나 말소리'라는 뜻을 가진 낱말은 '음성', '손가락으로 더듬어 읽도록 만든 시각 장애인을 위한 문자'라는 뜻의 낱말은 '점자'입니다. '형편이나 조건 따위가 편하고 좋음'이라는 뜻을 가진 낱말은 '편의'입니다.

2 첫 번째 문장은 문제가 생긴 회전목마를 2시간 내로 고치겠다는 내용이므로, 첫 번째 빈칸에는 '개선'이 들어가야 합니다. 음식점과 화장실 등의 다양한 시설을 편의 시설이라고 하므로, 두 번째 빈칸에는 '편의'가 들어가야 합니다.

3 남성과 여성은 뜻이 서로 반대되는 낱말입니다. ①과 ②은 뜻이 비슷한 낱말로 이루어져 있으며, ④의 포도는 과일에 포함되는 낱말입니다. 따라서 보기와 같이 서로 반대되는 낱말로 이루어진 '겉-속'이 정답입니다.

4일차

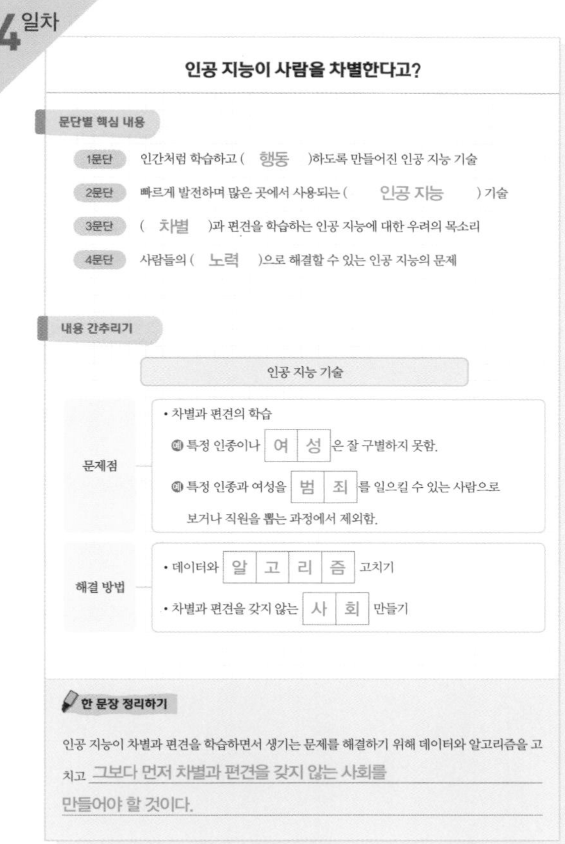

인공 지능이 사람을 차별한다고?

문단별 핵심 내용

1문단	인간처럼 학습하고 (행동)하도록 만들어진 인공 지능 기술
2문단	빠르게 발전하며 많은 곳에서 사용되는 (인공 지능) 기술
3문단	(차별)과 편견을 학습하는 인공 지능에 대한 우려의 목소리
4문단	사람들의 (노력)으로 해결할 수 있는 인공 지능의 문제

내용 간추리기

인공 지능 기술

문제점	• 차별과 편견의 학습 예 특정 인종이나 여성은 잘 구별하지 못함. 예 특정 인종과 여성을 범죄를 일으킬 수 있는 사람으로 보거나 직원을 뽑는 과정에서 제외함.
해결 방법	• 데이터와 알고리즘 고치기 • 차별과 편견을 갖지 않는 사회 만들기

한 문장 정리하기

인공 지능이 차별과 편견을 학습하면서 생기는 문제를 해결하기 위해 데이터와 알고리즘을 고치고 그보다 먼저 차별과 편견을 갖지 않는 사회를 만들어야 할 것이다.

● **전체 핵심**

이 글은 인공 지능이 차별과 편견을 학습하여 생기는 문제점과 이를 해결하는 방법을 중심 내용으로 다루고 있습니다. 따라서 전체 핵심은 이 글에서 반복하여 제시되고 있는 '인공 지능'입니다.

● **전체 중심 문장**

이 글의 전체 중심 문장은 4문단의 첫 번째 문장입니다. 인공 지능은 빠르게 발전하며 많은 곳에서 사용되지만, 차별과 편견을 학습하며 생기는 문제점을 2~3문단에 걸쳐 이야기하고 있습니다. 4문단에서는 앞에 제시된 문제점의 해결 방법을 설명하고 있습니다.

● **내용 간추리기**

인공 지능 기술의 문제점과 해결 방법으로 정리할 수 있습니다. 인공 지능이 특정 인종이나 '여성'을 잘 구별하지 못하며, 이러한 사람들을 '범죄'를 일으킬 수 있는 사람으로 본다는 내용이 언급되어 있습니다. 또한, 인공 지능의 문제점을 해결하기 위해 '알고리즘'을 고쳐야 하며, 차별과 편견을 갖지 않는 '사회'를 만들어야 한다는 내용이 4문단에 제시되어 있습니다.

● **한 문장 정리하기**

인공 지능 기술의 문제점과 해결 방법을 한 문장으로 정리할 수 있습니다. 빈 곳에 차별과 편견을 갖지 않는 사회를 만들어야 한다는 내용이 들어가면 정답으로 인정합니다.

문해력 완성하기

정답

1 ③

2 ④

3 학습

도움말

1 인공 지능의 문제점과 해결 방법에 대한 내용이 중심 내용이므로, 이 글의 주제는 '인공 지능 기술의 문제점과 해결 방법'입니다.

2 ④은 3문단의 얼굴 인식 프로그램에 대한 내용으로, 공항에서 범죄자를 찾아내는 프로그램이 필요 없다는 것이 아니라, 바르게 찾아내지 못하는 경우가 있으므로 이를 바로잡아야 한다는 의미로 해석해야 바람직합니다.

3 제시된 글은 사람들이 갖는 차별과 편견의 내용을 학습한 탓에 생겨난 인공 지능의 오류에 대한 내용이므로, 빈칸에 들어갈 알맞은 낱말은 '학습'입니다.

어휘력 완성하기

정답

1 ❶ 우려 ❷ 인식 ❸ 기술

2 판단

3 ②

도움말

1 '근심하거나 걱정함. 또는 그 근심과 걱정'이라는 뜻의 낱말은 '우려', '어떤 대상이나 사물을 구별하고 판단하여 앎'이라는 뜻의 낱말은 '인식', '과학 이론을 사용하여 사물을 인간 생활에 쓸모 있도록 만드는 수단이나 방법'이라는 뜻의 낱말은 '기술'입니다.

2 '판단'은 '사물을 논리나 기준 등에 따라 구별하여 결정을 내린다'는 뜻입니다. 또한 판단은 '판단이 서다'라고 쓰이기도 하므로 정답은 '판단'입니다.

3 '이미'는 일이 다 끝나거나 지나버렸다는 뜻입니다. '아직'은 '어떤 일이나 상태 또는 어떻게 되기까지 시간이 더 지나야 함'을 나타내거나, '어떤 일이나 상태가 끝나지 아니하고 계속되고 있음'을 나타내는 말이므로, '이미'와 뜻이 반대되는 낱말은 '아직'입니다.

5일차

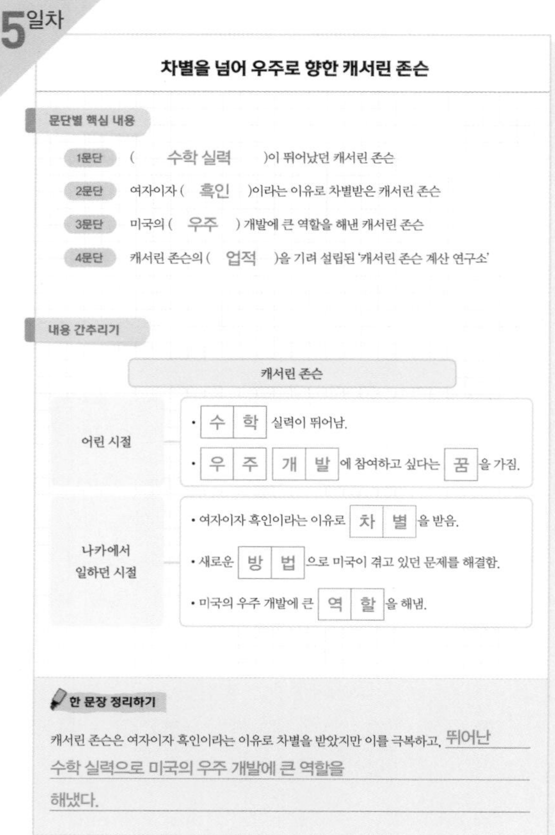

차별을 넘어 우주로 향한 캐서린 존슨

문단별 핵심 내용

1문단 (수학 실력)이 뛰어났던 캐서린 존슨
2문단 여자이자 (흑인)이라는 이유로 차별받은 캐서린 존슨
3문단 미국의 (우주) 개발에 큰 역할을 해낸 캐서린 존슨
4문단 캐서린 존슨의 (업적)을 기려 설립된 '캐서린 존슨 계산 연구소'

내용 간추리기

캐서린 존슨

어린 시절
- 수 학 실력이 뛰어남.
- 우 주 개 발 에 참여하고 싶다는 꿈 을 가짐.

나카에서 일하던 시절
- 여자이자 흑인이라는 이유로 차 별 을 받음.
- 새로운 방 법 으로 미국이 겪고 있던 문제를 해결함.
- 미국의 우주 개발에 큰 역 할 을 해냄.

한 문장 정리하기

캐서린 존슨은 여자이자 흑인이라는 이유로 차별을 받았지만 이를 극복하고, 뛰어난 수학 실력으로 미국의 우주 개발에 큰 역할을 해냈다.

● **전체 핵심**

이 글은 차별과 무시를 극복하고 자신의 가치를 드러낸 캐서린 존슨이라는 인물에 대해 이야기하고 있습니다. 따라서 이 글의 전체 핵심은 '캐서린 존슨'입니다.

● **전체 중심 문장**

이 글의 전체 중심 문장은 4문단의 마지막 문장입니다. 2~3문단은 차별을 극복하고 미국의 우주 개발에 큰 도움을 준 캐서린의 업적에 대해 이야기하고 있습니다.

● **내용 간추리기**

캐서린 존슨의 어린 시절과 나카에서 일하던 시절로 정리할 수 있습니다. 1문단에서 캐서린 존슨은 '수학' 실력이 뛰어났으며, '우주 개발'에 참여하고 싶다는 '꿈'을 가졌다고 하였습니다. 여자이자 흑인이라는 이유로 '차별'을 받았다는 내용은 2문단에, 새로운 '방법'으로 문제를 해결하고, 미국의 우주 개발에 큰 '역할'을 해냈다는 내용은 3문단에 제시되어 있습니다.

● **한 문장 정리하기**

캐서린 존슨이 차별을 극복하고 미국의 우주 개발에 큰 역할을 해냈다는 것이 핵심입니다. 따라서 빈 곳에 캐서린 존슨이 어떤 일을 해냈는지에 대한 내용이 들어가면 모두 정답으로 인정합니다.

문해력 완성하기

정답

1 ③
2 ②
3 장영실

도움말

1 이 글은 차별을 극복하고 가치를 드러낸 인물의 이야기입니다. 따라서 '차별을 극복하고 꿈을 이룬 사람'이 정답입니다.

2 1문단에 '그 당시 미국에서 흑인들은 중학교까지만 겨우 다닐 정도로 교육 환경이 좋지 않았지만'이라는 내용이 있으므로 ②이 정답입니다.

3 장영실은 신분이 낮은 노비였고 무시당했지만 끊임없는 연구로 놀라운 발명품을 만들어 조선의 과학을 발전시켰습니다. 차별과 무시를 극복하고 자신의 가치를 드러낸 캐서린의 모습은 장영실의 모습과 비슷하므로, 빈칸에는 '장영실'이 들어가야 합니다.

어휘력 완성하기

정답

1 ❶ ㉠ ❷ ㉢ ❸ ㉡
2 노력
3 ③

도움말

1 '어떤 일에 끼어들어 관계함'이라는 뜻의 낱말은 '참여', '기관이나 단체 따위를 만들어 일으킴'이라는 뜻을 지닌 낱말은 '설립', '나쁜 조건이나 고생을 이겨 냄'이라는 뜻의 낱말은 '극복'입니다.

2 '하늘은 스스로 돕는 자를 돕는다'라는 속담은 어떤 일을 이루기 위해서는 자신의 노력이 중요함을 뜻합니다. 또한, 4문단의 내용과 연결지어 볼 때 빈칸에 들어갈 알맞은 낱말은 '노력'입니다.

3 '설립'은 '기관이나 단체 따위를 만들어 일으킴'이라는 뜻의 낱말입니다. 따라서 이와 비슷한 뜻의 낱말은 '기관이나 단체 따위를 새로 만들어 세움'이라는 뜻의 '창립'입니다.

76~79쪽

1일차

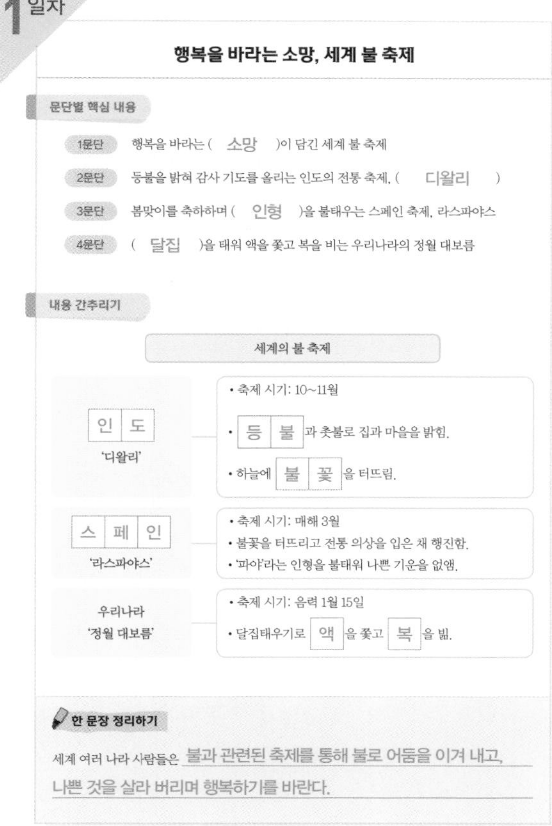
행복을 바라는 소망, 세계 불 축제

문단별 핵심 내용

- 1문단 행복을 바라는 (소망)이 담긴 세계 불 축제
- 2문단 등불을 밝혀 감사 기도를 올리는 인도의 전통 축제, (디왈리)
- 3문단 봄맞이를 축하하며 (인형)을 불태우는 스페인 축제, 라스파야스
- 4문단 (달집)을 태워 액을 쫓고 복을 비는 우리나라의 정월 대보름

내용 간추리기

세계의 불 축제

인도 '디왈리'	• 축제 시기: 10~11월 • 등불과 촛불로 집과 마을을 밝힘. • 하늘에 불꽃을 터뜨림.
스페인 '라스파야스'	• 축제 시기: 매해 3월 • 불꽃을 터뜨리고 전통 의상을 입은 채 행진함. • '파야'라는 인형을 불태워 나쁜 기운을 없앰.
우리나라 '정월 대보름'	• 축제 시기: 음력 1월 15일 • 달집태우기로 액을 쫓고 복을 빎.

한 문장 정리하기

세계 여러 나라 사람들은 불과 관련된 축제를 통해 불로 어둠을 이겨 내고, 나쁜 것을 살라 버리며 행복하기를 바란다.

● **전체 핵심**

이 글은 행복을 바라는 소망을 담은 여러 나라의 불 축제를 다루고 있습니다. 따라서 이 글의 전체 핵심은 '불 축제'입니다.

● **전체 중심 문장**

이 글의 전체 중심 문장은 1문단의 마지막 문장입니다. 2~4문단에서는 인도, 스페인, 우리나라의 불 축제를 예로 들어 전체 중심 문장을 뒷받침하고 있습니다.

● **내용 간추리기**

세계의 불 축제를 정리한 표입니다. '인도'의 디왈리, '스페인'의 라스파야스, 우리나라의 정월 대보름의 내용을 파악하여 정리하면 됩니다. 2문단에서 집과 마을 곳곳이 사람들이 밝힌 '등불'과 촛불로 가득하고, 하늘은 터지는 '불꽃'으로 빛의 세상을 이룬다고 하였습니다. 4문단에 달집태우기로 '액'을 쫓고 '복'을 빈다는 내용이 언급되어 있습니다.

● **한 문장 정리하기**

세계 여러 나라 사람들이 불 축제를 하는 이유를 파악하는 것이 핵심입니다. 따라서 빈 곳에 '사람들은 불 축제를 통해 행복하기를 바란다'는 내용 또는 이보다 구체적인 이유를 적었을 경우에도 정답으로 인정합니다.

문해력 완성하기

정답

1 ③

2 ④

3 불

도움말

1 이 글은 행복을 바라는 소망을 담아 세계 여러 나라에서 불 축제를 연다는 내용을 다루고 있습니다. 따라서 이 글의 주제는 '행복을 바라는 세계 불 축제'입니다.

2 ① 디왈리는 인도의 축제이며, ② '빛의 행진'을 뜻하는 것은 디왈리입니다. ③ 종이 인형을 태우는 축제는 스페인의 라스파야스입니다.

3 제시된 글은 과테말라의 불 축제에 대한 내용입니다. 악마의 모습을 한 인형을 불에 태워 악마를 쫓아내고, 사람의 영혼이 맑아질 수 있다고 믿었다고 하였으므로, 빈칸에 들어갈 낱말은 '불'입니다.

어휘력 완성하기

정답

1 ❶ 풍년 ❷ 태평 ❸ 부스럼

2 소망

3 ①

도움말

1 '곡식이 잘 자라고 여물어 거두어들인 농작물이 많은 해'를 뜻하는 낱말은 '풍년', '마음에 아무 근심 걱정이 없음'이라는 뜻을 가진 낱말은 '태평', '피부에 나는 염증을 통틀어 이르는 말'을 뜻하는 낱말은 '부스럼'이라고 합니다.

2 빈칸에 공통으로 들어갈 낱말은 '어떤 일을 바람. 또는 바라는 것'의 뜻을 가진 '소망'입니다. '행복'은 '생활에서 충분한 만족과 기쁨을 느끼어 흐뭇한 상태'로, 제시된 문장에는 어울리지 않는 낱말입니다.

3 '복'은 '삶에서 누리는 좋고 만족할 만한 행운'이라는 뜻으로, 이와 반대되는 낱말은 '모질고 사나운 운수'라는 뜻의 '액'입니다.

2일차

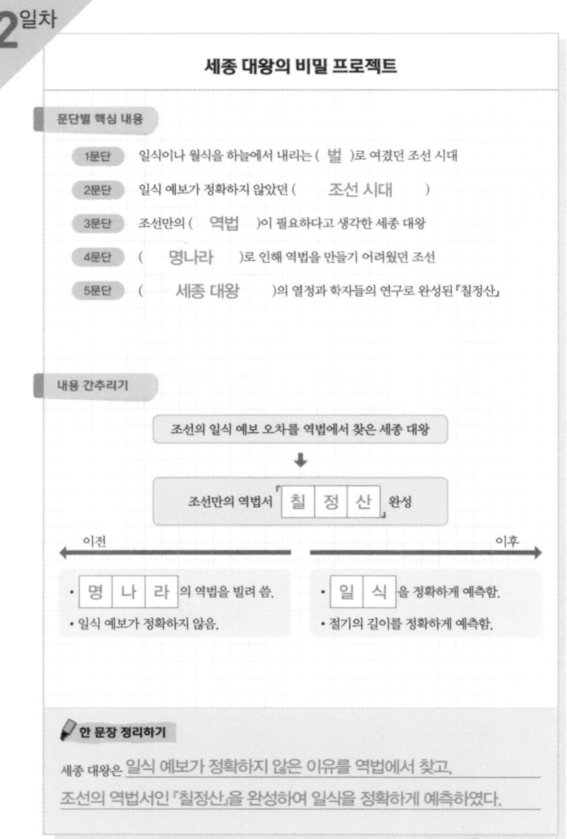

● **전체 핵심**

이 글은 『칠정산』이 만들어지기 전과 후의 일식 예보에 대한 내용을 다루고 있습니다. 따라서 이 글의 전체 핵심은 '『칠정산』'입니다.

● **전체 중심 문장**

이 글의 전체 중심 문장은 5문단의 세 번째 문장입니다. 3문단은 조선만의 역법이 필요하다고 생각한 세종 대왕을, 4~5문단은 명나라로 인해 조선의 역법을 만들기 쉽지 않았지만 세종 대왕과 학자들의 연구로 완성된 『칠정산』을 다루고 있습니다.

● **내용 간추리기**

『칠정산』이 완성되기 이전의 조선과 완성된 이후의 조선을 간추려 정리한 표입니다. '『칠정산』'의 완성 이전에 조선은 '명나라'의 역법을 빌려 써 일식 예보가 정확하지 않았으며, 완성 이후에는 '일식'을 정확하게 예측할 수 있었습니다.

● **한 문장 정리하기**

조선의 일식 예보가 정확하지 않은 이유를 역법에서 찾은 세종 대왕과 『칠정산』의 완성 이후 일식을 정확하게 예측할 수 있었다는 내용의 한 문장으로 정리할 수 있습니다. 정확한 일식 예측과 함께 절기에 대한 내용이 들어갔을 경우에도 정답으로 인정합니다.

문해력 완성하기

정답

1 ③

2 ①

3 일식

도움말

1 이 글은 조선만의 역법서인 『칠정산』이 만들어진 과정과 그 의미를 주로 다루고 있습니다. 따라서 정답은 ③입니다.

2 ② 세종 대왕은 학자들의 도움을 받아 『칠정산』을 만들었고, ③ 조선 시대에는 일식을 예보하는 관리가 있었습니다. ④ 명나라는 다른 나라의 천문학 연구를 금지했습니다.

3 앞에 제시된 글에서 『칠정산』을 만들기 전에는 명나라의 역법을 빌려 썼기 때문에 일식 예보가 정확하지 않았다고 하였고, 『칠정산』을 만든 이후에는 조선의 일식 예보를 정확하게 할 수 있었다고 하였습니다. 따라서 빈칸에 공통으로 들어갈 낱말은 '일식'입니다.

어휘력 완성하기

정답

1 ❶ 예보 ❷ 오차 ❸ 천문학

2 예보

3 ①

도움말

1 '앞으로 일어날 일을 미리 알림'이라는 뜻을 가진 낱말은 '예보', '실지로 셈하거나 잰 값과 이론적으로 정확한 값과의 차이'라는 뜻을 가진 낱말은 '오차', '우주에 관한 온갖 사실을 연구하는 학문'이라는 뜻의 낱말은 '천문학'입니다.

2 내일 천둥이 치고 비 오는 것을 미리 알려 주는 것은 일기 예보이므로, 빈칸에 들어갈 알맞은 낱말은 '예보'입니다.

3 '예측'은 '미리 헤아려 짐작함'이라는 뜻이므로, 이와 비슷한 뜻의 낱말은 '어떤 일을 직접 당하기 전에 미리 생각하여 둠. 또는 그런 내용'을 뜻하는 '예상'입니다.

3일차

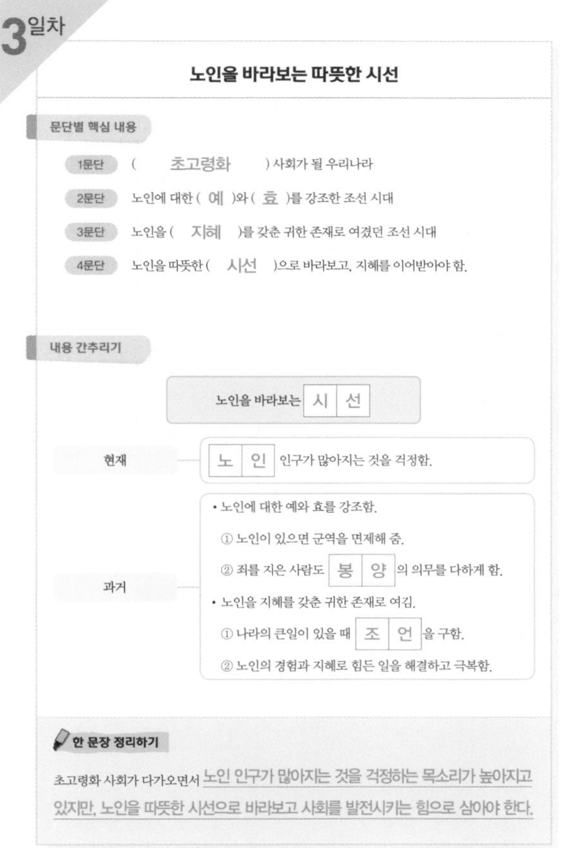

노인을 바라보는 따뜻한 시선

문단별 핵심 내용

1문단 (초고령화) 사회가 될 우리나라

2문단 노인에 대한 (예)와 (효)를 강조한 조선 시대

3문단 노인을 (지혜)를 갖춘 귀한 존재로 여겼던 조선 시대

4문단 노인을 따뜻한 (시선)으로 바라보고, 지혜를 이어받아야 함.

내용 간추리기

노인을 바라보는 시 선

현재 — 노 인 인구가 많아지는 것을 걱정함.

과거
- 노인에 대한 예와 효를 강조함.
  ① 노인이 있으면 군역을 면제해 줌.
  ② 죄를 지은 사람도 봉 양 의 의무를 다하게 함.
- 노인을 지혜를 갖춘 귀한 존재로 여김.
  ① 나라의 큰일이 있을 때 조 언 을 구함.
  ② 노인의 경험과 지혜로 힘든 일을 해결하고 극복함.

한 문장 정리하기

초고령화 사회가 다가오면서 노인 인구가 많아지는 것을 걱정하는 목소리가 높아지고 있지만, 노인을 따뜻한 시선으로 바라보고 사회를 발전시키는 힘으로 삼아야 한다.

● 전체 핵심

이 글은 우리나라(현재)와 조선 시대(과거)에서 노인을 바라보는 시선을 비교한 논설문입니다. 따라서 이 글의 전체 핵심은 '노인을 바라보는 시선'입니다.

● 전체 중심 문장

이 글의 전체 중심 문장은 글쓴이의 주장이 담긴 4문단의 마지막 문장입니다. 1문단에서는 노인을 바라보는 시선이 곱지 않은 우리나라 사회를, 2~3문단에서는 노인을 귀한 존재로 여겼던 조선 시대를 다루며 전체 중심 문장의 내용을 뒷받침하고 있습니다.

● 내용 간추리기

현재와 과거의 노인을 바라보는 '시선'을 간추려 정리한 표입니다. 현재에는 '노인'을 바라보는 시선이 곱지 않음을, 과거에는 죄를 지은 사람도 '봉양'의 의무를 다하게 하였으며, 나라의 큰일이 있을 때 노인에게 '조언'을 구했다고 하였습니다.

● 한 문장 정리하기

빈 곳에는 글쓴이가 주장하는 내용이 들어가야 합니다. 따라서 노인을 따뜻한 시선으로 바라보고 사회를 발전시키는 힘으로 삼아야 한다는 내용이 들어가면 정답으로 처리합니다.

문해력 완성하기

정답

1 ③

2 ○, ×, ○, ○

3 지혜

도움말

1 이 글은 현재와 과거를 비교하며 노인을 바라보는 시선에 대해 주로 이야기하고 있으므로, 정답은 ③입니다.

2 1문단에서 우리나라는 초고령화 사회가 다가온다고 하였으므로 고은의 말은 틀렸습니다.

3 제시된 글은 노인과 젊은이의 나무 베기 시합을 통해 엿볼 수 있는 노인의 지혜를 다루고 있습니다. 따라서 빈칸에는 '지혜'가 들어가야 합니다.

어휘력 완성하기

정답

1 ❶ ㉡ ❷ ㉠ ❸ ㉢

2 ①

3 ④

도움말

1 '말로 거들거나 깨우쳐 주어서 도움. 또는 그 도움말'을 뜻하는 낱말은 '조언', '부모나 조부모와 같은 웃어른을 받들어 모심'을 뜻하는 낱말은 '봉양', '책임이나 의무 따위를 면하여 줌'을 뜻하는 낱말은 '면제'입니다.

2 ㉠의 빈칸에는 '어떠한 의무나 책임을 짐'을 뜻하는 낱말인 '부담'이 들어가 '노인은 사회에 부담을 주는 사람이 아니다'라는 뜻의 문장으로, ㉡에는 '더 낫고 좋은 상태나 더 높은 단계로 나아감'을 뜻하는 낱말인 '발전'이 들어가 '노인의 지혜를 배운다면 사회를 발전시킬 수 있다'라는 문장으로 완성할 수 있습니다.

3 〈보기〉의 두 낱말은 서로 반대의 관계입니다. ④ '찬성'은 '어떤 행동이나 제안 등이 옳거나 좋다고 판단하여 수긍함', '반대'는 '어떤 행동이나 제안 등에 따르지 아니하고 맞서 거스름'을 뜻하므로, 두 낱말의 관계 역시 서로 반대의 관계입니다. ①과 ③은 포함 관계, ②는 비슷한 관계입니다.

4일차

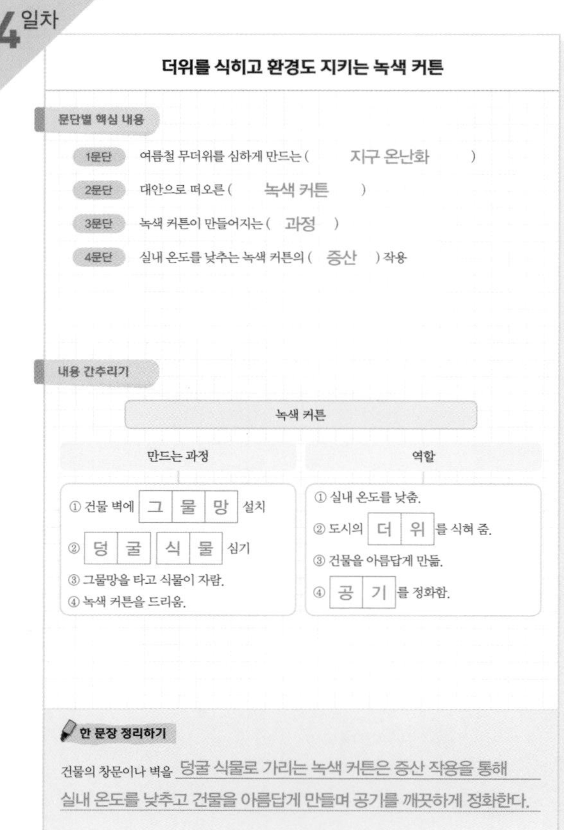

더위를 식히고 환경도 지키는 녹색 커튼

문단별 핵심 내용

- 1문단 여름철 무더위를 심하게 만드는 (지구 온난화)
- 2문단 대안으로 떠오른 (녹색 커튼)
- 3문단 녹색 커튼이 만들어지는 (과정)
- 4문단 실내 온도를 낮추는 녹색 커튼의 (증산) 작용

내용 간추리기

녹색 커튼

만드는 과정	역할
① 건물 벽에 그물망 설치	① 실내 온도를 낮춤.
② 덩굴 식물 심기	② 도시의 더위를 식혀 줌.
③ 그물망을 타고 식물이 자람.	③ 건물을 아름답게 만듦.
④ 녹색 커튼을 드리움.	④ 공기를 정화함.

한 문장 정리하기

건물의 창문이나 벽을 덩굴 식물로 가리는 녹색 커튼은 증산 작용을 통해 실내 온도를 낮추고 건물을 아름답게 만들며 공기를 깨끗하게 정화한다.

- **전체 핵심**

이 글은 실내 온도를 낮추고, 환경도 보호할 수 있는 녹색 커튼에 대해 설명하고 있습니다. 따라서 이 글의 전체 핵심은 글에서 반복되고 있는 '녹색 커튼'입니다.

- **전체 중심 문장**

이 글의 전체 중심 문장은 4문단의 마지막 문장입니다. 1문단은 무더위를 심하게 만드는 지구 온난화를, 2~3문단은 녹색 커튼의 의미와 녹색 커튼이 만들어지는 과정에 대해 설명하고 있습니다.

- **내용 간추리기**

녹색 커튼을 만드는 과정과 녹색 커튼의 역할을 간추린 표입니다. 3문단의 내용을 참고하여 건물 벽에 '그물망'을 설치하고 '덩굴 식물'을 심는다는 것을 알 수 있습니다. 녹색 커튼이 도시의 '더위'를 식혀 주고, '공기'를 정화한다는 내용은 4문단의 내용을 참고할 수 있습니다.

- **한 문장 정리하기**

녹색 커튼의 의미와 역할을 파악하는 것이 핵심입니다. 빈 곳에 실내 온도를 낮추고 환경도 지키는 녹색 커튼의 역할을 썼을 경우 모두 정답으로 처리합니다.

문해력 완성하기

정답

1 ③

2 ③

3 증산 작용

도움말

1 이 글은 녹색 커튼의 의미와 역할에 대한 내용을 담고 있으므로, '환경을 지키고 더위를 식히는 녹색 커튼'이 이 글의 중심 내용입니다.

2 2문단의 녹색 커튼을 만드는 과정에서 덩굴 식물을 키우는 비용에 대한 내용은 나오지 않았으므로, 글의 내용을 바르게 이해하지 못한 사람은 승용입니다.

3 제시된 대화에서 녹색 커튼 역할을 하는 담쟁이덩굴에 대한 이야기하고 있습니다. 기민이가 말하는 내용 중, '담쟁이덩굴의 잎에서 물기를 공기 중으로 내보내는'이라는 부분은 4문단에 제시된 증산 작용에 대한 설명과 같으므로, 빈칸에는 '증산 작용'이 들어가야 합니다.

어휘력 완성하기

정답

1 ❶ 대안 ❷ 폭염 ❸ 정화

2 정화

3 ③

도움말

1 '어떤 일에 대한 대처할 계획이나 방법'을 뜻하는 낱말은 '대안', '매우 심한 더위'를 뜻하는 낱말은 '폭염', '더러운 것을 깨끗하게 함'을 뜻하는 낱말은 '정화'입니다.

2 빈칸에 공통으로 들어가야 할 낱말은 '더러운 것을 깨끗하게 함'을 뜻하는 '정화'입니다. '설치'는 '어떤 일을 하는 데 필요한 기관이나 설비 따위를 베풀어 둠'을, '역할'은 '자기가 마땅히 하여야 할 맡은 바 직책이나 임무'를 뜻합니다.

3 '더위'와 '추위'는 서로 반대되는 관계의 낱말입니다. 따라서 ③이 정답이며, ①의 '하늘'은 '자연'에 포함되는 관계, ②의 '돼지'는 '동물'에 포함되는 관계, ④의 '가을'은 '계절'에 포함되는 관계입니다.

5일차

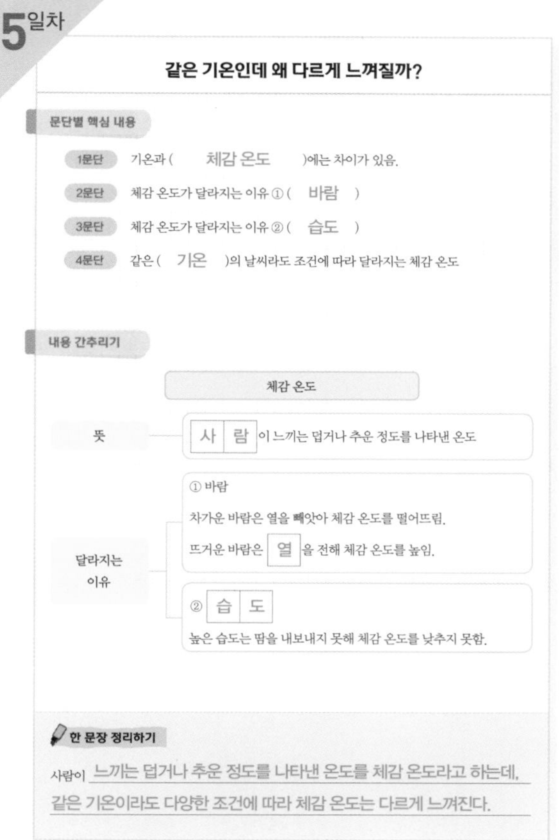

같은 기온인데 왜 다르게 느껴질까?

문단별 핵심 내용

1문단 기온과 (체감 온도)에는 차이가 있음.

2문단 체감 온도가 달라지는 이유 ① (바람)

3문단 체감 온도가 달라지는 이유 ② (습도)

4문단 같은 (기온)의 날씨라도 조건에 따라 달라지는 체감 온도

내용 간추리기

체감 온도

뜻 — 사 람 이 느끼는 덥거나 추운 정도를 나타낸 온도

달라지는 이유
- ① 바람
  차가운 바람은 열을 빼앗아 체감 온도를 떨어뜨림.
  뜨거운 바람은 열 을 전해 체감 온도를 높임.
- ② 습 도
  높은 습도는 땀을 내보내지 못해 체감 온도를 낮추지 못함.

한 문장 정리하기

사람이 느끼는 덥거나 추운 정도를 나타낸 온도를 체감 온도라고 하는데, 같은 기온이라도 다양한 조건에 따라 체감 온도는 다르게 느껴진다.

● **전체 핵심**

이 글은 조건에 따라 조금씩 다르게 느껴지는 체감 온도를 다루었으므로, 전체 핵심은 글에서 반복되고 있는 '체감 온도'입니다.

● **전체 중심 문장**

이 글의 전체 중심 문장은 4문단의 마지막 문장입니다. 1문단은 체감 온도의 의미를, 2~3문단은 바람과 습도에 따라 체감 온도가 달라지는 이유를 설명하고 있습니다.

● **내용 간추리기**

체감 온도의 뜻과 체감 온도가 달라지는 이유에 대한 내용을 간추린 표입니다. 1문단에서 체감 온도는 '사람'이 느끼는 덥거나 추운 정도를 나타낸 온도라고 하였고, 2문단에서 뜨거운 바람이 공기의 '열'을 전해 사람의 체감 온도를 더 높인다고 하였습니다. 또한, 3문단에서 체감 온도는 '습도'에 따라서도 달라진다고 하였습니다.

● **한 문장 정리하기**

체감 온도의 뜻과 다양한 조건에 따라 달라지는 체감 온도에 대해 한 문장으로 정리할 수 있습니다. 다양한 조건에 따라 다르게 느껴지는 체감 온도를 파악하는 것이 핵심입니다.

문해력 완성하기

정답

1 ④

2 ③

3 체감 온도

도움말

1 이 글은 같은 기온에서도 다르게 느껴지는 체감 온도를 주로 다루고 있으므로, '같은 기온의 날씨가 다르게 느껴지는 이유'가 정답입니다.

2 3문단에서 '습도가 높은 날은 더욱 덥게 느껴집니다.'라고 되어 있으므로, 여름철에 습도가 높아지면 체감 온도가 떨어질 수 있다는 세령의 말은 틀렸습니다.

3 일기 예보에서 '내일의 기온은 오늘보다 오르나, 매우 심한 바람이 분다'는 조건이 제시되었습니다. 따라서 오늘보다 내일 더 내려가는 것은 사람이 느끼는 '체감 온도'입니다.

어휘력 완성하기

정답

1 ❶ 습도 ❷ 건조 ❸ 발표

2 이유

3 ④

도움말

1 '공기 가운데 수증기, 즉 기체 상태로 되어 있는 물이 들어 있는 정도'를 뜻하는 낱말은 '습도', '말라서 물기가 없음'을 뜻하는 낱말은 '건조', '어떤 사실이나 결과, 작품 따위를 세상에 널리 드러내어 알림'을 뜻하는 낱말은 '발표'입니다.

2 빈칸에 공통으로 들어가야 할 낱말은 '어떠한 결론이나 결과에 이른 까닭이나 근거'를 뜻하는 '이유'입니다.

3 '가장'은 '여럿 가운데 어느 것보다 정도가 높거나 세게'를 뜻하므로, '매우', '제일' '무척'과 비슷한 낱말입니다. 하지만 부정을 뜻하는 말과 함께 쓰여 '그다지 다르게, 이렇다 하게 따로'라는 뜻을 가진 '별로'는 '가장'과 뜻이 비슷하지 않은 낱말입니다.

MEMO

MEMO